Les Deux Maîtresses

MUSSET

Les Deux Maîtresses

●

PRÉSENTATION

NOTES

DOSSIER

CHRONOLOGIE

BIBLIOGRAPHIE

par Sylvain Ledda

GF Flammarion

Sylvain LEDDA est maître de conférences en littérature française à l'université de Rouen, membre du CÉRÉDI. Il a codirigé l'*Anthologie du théâtre français du XIXe siècle* (L'Avant-scène, 2008). Spécialiste d'Alfred de Musset, il a consacré de nombreux travaux à cet auteur et publié *Alfred de Musset, un cœur navré de joie* (Gallimard, « Découvertes », 2010).

© Éditions Flammarion, Paris, 2010.
ISBN : 978-2-0812-3151-1

À Frank Lestringant

Le poète n'écrit presque jamais de réflexion ;
le prosateur n'est juste et profond que par elle [1].

Musset, à l'inverse de Picasso, choisit le rose avant le bleu. Vive, bariolée, sa première manière se dévoile sous le glacis de la provocation littéraire et de la feinte désinvolture. Il débute dans la carrière des lettres en s'amusant. On le croque en page Renaissance et il pose en dandy byronien. Puis la fantaisie s'assombrit, des traits bleu dur lacèrent le rose de la vie, l'ironie verse dans le tragique, les masques tombent et montrent des visages inquiets. Le lyrisme se désenchante. 1833, c'est le temps de *Rolla*, celui des grandes comédies dramatiques qui marquent l'acmé de l'inspiration romantique de Musset : un bleu sombre, presque noir. Avec la publication d'*Il ne faut jurer de rien* [2], la palette s'égaie à nouveau, sans que l'artiste perde sa patte. En réduisant la distance qui sépare les lèvres de la coupe, Musset a trouvé une fragile harmonie entre le rose tendre et le bleu nuit. Les nerfs se détendent, la géographie du cœur se parisianise, les formes se resserrent. Le créateur privilégie désormais

---

1. Alfred de Musset, *Le Poète déchu*, *Œuvres complètes en prose*, éd. Maurice Allem et Paul-Courant, Paris, Gallimard, « Bibliothèque de la Pléiade », 1959, p. 316.
2. La comédie paraît le 1er juillet 1836 dans la *Revue des Deux Mondes*.

l'art de la miniature : la comédie se mue en proverbe, le roman en conte ou en nouvelle. *Les Deux Maîtresses*, publié dans la *Revue des Deux Mondes* le 1er novembre 1837, appartient à cette troisième veine [1].

AUX ORIGINES DE LA NOUVELLE : MUSSET ET SES DOUBLES

La première source de la nouvelle, c'est l'auteur lui-même ; Musset et l'histoire de son cœur, Musset, sa fantaisie et ses doutes. Sur l'éventail des couleurs de sa création, une teinte ne se délave pas : celle de la projection personnelle ou, pour être plus juste, celle du travestissement dans l'écriture. Si Musset part souvent de sa vie pour inventer, il ne se raconte jamais sans masques. Aussi l'artiste se peint-il dans tous ses personnages, selon la labilité de son humeur, selon le genre qu'il choisit d'explorer. Et le lecteur le rencontre parfois là où il ne l'attend pas [2]. *Les Deux Maîtresses* n'échappe pas à cette loi de l'inspiration subjective et le récit offre un portrait d'Alfred, témoigne de son quotidien, de ses mœurs, de ses goûts littéraires, de ses habitudes de viveur parisien.

« L'HISTOIRE DE MA VIE EST CELLE DE MON CŒUR [3] »

Deuxième nouvelle des six qu'il compose entre l'été 1837 et l'hiver 1839, *Les Deux Maîtresses* rompt avec

---

1. Pour une situation complète des *Nouvelles* de Musset, nous renvoyons à notre édition, GF-Flammarion, 2010.
2. Frank Lestringant a très bien analysé la réversibilité des sexes chez Musset qui s'est peint dans Octave et Cœlio, mais aussi dans Marianne, capricieux et contradictoire comme son héroïne. Voir sa présentation des *Caprices de Marianne*, Paris, Gallimard, « Folio », 2004, p. 31. Cette question de la féminité n'a pas échappé non plus à la sagacité de Gilles Castagnès dans son ouvrage *Les Femmes et l'esthétique de la féminité dans l'œuvre d'Alfred de Musset*, Berne, Peter Lang, 2004.
3. *La Coupe et les Lèvres*, II, 3, *Poésies complètes*, éd. Frank Lestringant, Paris, Le Livre de Poche classique, 2006, p. 244.

l'effusion lyrique d'*On ne badine pas avec l'amour* ou des *Nuits* et renouvelle la mise en scène de soi. Les amours de Musset avec Aimée d'Alton, rencontrée en 1836 et conquise l'année suivante, ne sont étrangères ni à cette régénérescence de l'inspiration ni au climat plaisant du récit. Ce n'est plus seulement la douleur d'aimer qui fait parler la Muse, ce sont aussi les galanteries échangées avec Aimée, les mondanités, les billets doux, les équipées ludiques qui revivifient l'imaginaire du poète. Le ton de la correspondance que Musset échange avec la jeune femme au cours de l'année 1837 est proche de celui des *Deux Maîtresses*[1]. De toute évidence, l'artiste est moins tourmenté qu'au temps de George Sand, et si la nouvelle peint les distractions de l'enfant du siècle, les conséquences des actes sont moins graves. Valentin est en effet un dandy, un étourdi de vingt-cinq ans qui hésite entre deux caprices, deux femmes, deux amours. La nouvelle applique donc toujours le principe de la transmutation de l'expérience vécue, fût-elle essentielle ou dérisoire, mais avec plus de distance et plus d'humour.

Il faut toutefois se défier des « effets-miroirs » dans *Les Deux Maîtresses*, comme il faut se garder de confondre la présence du prétendu « je autobiographique » dans ses vers avec les *divertimenti* d'un poète fantaisiste. Le *moi* de Musset est fragmenté. L'ironie, tragique ou comique, brouille souvent les pistes. De prime abord, la nouvelle peint Alfred sous les traits de Valentin, mais, en vérité, l'autoportrait est traité avec drôlerie et même avec une certaine forme d'autodérision. La distance créée par l'humour se trouve déjà dans certaines œuvres antérieures, elles-mêmes placées sous le signe de la fantaisie spirituelle : *Un caprice*, les *Lettres de Dupuis et Cotonet* et *Il ne faut jurer de rien*, comédie dont le héros porte le même prénom que celui de la nouvelle, Valentin. Une telle reprise de prénom n'est pas un artifice qui créerait, de manière un peu factice, un *continuo* d'une

---

1. Voir Dossier p. 120.

œuvre à l'autre : Valentin, « celui qui se porte bien [1] », témoigne aussi des questions récurrentes que se pose Musset. Les deux Valentin sont en effet confrontés au choix d'une existence bourgeoise ou d'une vie libre, dédiée aux plaisirs. Le dilemme qui fonde l'intrigue de la comédie et de la nouvelle est aussi celui face auquel se trouve Musset quand Aimée lui propose de l'épouser. Si ses héros choisissent le mariage, Musset, lui, le fuit ; il refuse, comme Magdelon dans *Les Précieuses ridicules*, « de ne faire l'amour qu'en faisant le contrat du mariage, et de prendre justement le roman par la queue [2] ». Sous le masque de l'humour, c'est donc la vie d'un homme qui s'interroge sur l'engagement sentimental. C'est ici que se creuse l'écart entre le héros, le narrateur et l'artiste qui écrit. Les entrelacs de l'inspiration doivent mettre en garde le lecteur qui voudrait réduire *Les Deux Maîtresses* à une simple projection de Musset dans son œuvre.

PROXIMITÉ ET DISTANCE

La soumission de l'imaginaire personnel au substrat autobiographique pose le problème complexe de la création littéraire chez Musset. Cette complexité est confirmée par les propos quelque peu contradictoires tenus par son frère Paul. Ce dernier n'est pas tout à fait certain que Musset raconte, dans *Les Deux Maîtresses*, un épisode vécu. L'édition dite des « Amis du Poète [3] » précise même que « bien que l'auteur se soit amusé à prêter au personnage de Valentin quelques traits de son propre caractère, les doubles amours du héros n'ont

---

1. C'est la signification étymologique du prénom Valentin, dérivé du latin *valere*, qui signifie « se montrer vaillant ».
2. Molière, *Les Précieuses ridicules*, acte I, scène IV, éd. Georges Couton, Paris, Gallimard, « Bibliothèque de la Pléiade », 1971, p. 269.
3. Parue en 1866, cette édition en dix volumes comporte l'ensemble des œuvres de Musset accompagnées de notices de Paul de Musset. Le dernier volume contient une biographie d'Alfred par son frère, émouvante mais peu objective.

existé que dans son imagination [1] ». À cet égard, la nouvelle se distingue d'*Emmeline*, du *Fils du Titien* et de *Frédéric et Bernerette*, qui transcrivent de manière assez
exacte les amours d'Alfred [2]. Mais Paul lui-même s'y
perd : dans la biographie qu'il consacre à son frère, il
indique que dans sa jeunesse Alfred s'était trouvé dans
une situation semblable à celle de Valentin [3]. Ces alléga-
tions contradictoires méritent quelques éclaircissements.
Ce qui est certain, c'est que Musset s'est amusé à se
peindre dans son récit, même s'il le fait par touches plus
discrètes que dans *La Confession d'un enfant du siècle*.
Tout un faisceau d'indices confirme sa présence réelle
dans *Les Deux Maîtresses* et la transsubstantiation personnelle est poétiquement efficiente. Sans transcrire un
épisode de sa vie *stricto sensu*, le poète ne cesse de parler
de lui-même. Le récit fourmille ainsi de détails qui
ramènent constamment le lecteur à l'auteur, à son *modus
vivendi*. Sont décrits, par exemple, les endroits à la mode
que Musset appréciait : le Rocher de Cancale, la Chaussée d'Antin, le bal de la Chaumière. De manière générale,
le contexte culturel et social est celui de Musset, ce que
confirme d'ailleurs « Le boulevard de Gand », fragment
posthume très « balzacien » décrivant la vie et les mœurs
du boulevard ; cette description de la vie parisienne
aurait dû ouvrir le récit mais Musset ne la publia pas [4].

Plus encore que l'évocation de ces hauts lieux de la
bohème élégante du poète, ce sont les traits de caractère

---

1. *Œuvres complètes d'Alfred de Musset*, éd. Charpentier, 1876,
t. VI, p. 158.
2. Caroline Jaubert lui inspira *Emmeline* ; Aimée d'Alton, *Le Fils du
Titien* ; et Louise Lebrun servit de modèle à l'héroïne de *Frédéric et
Bernerette*. Voir notre édition, déjà citée, des *Nouvelles*.
3. « Tout en racontant les amourettes de Valentin et de madame
Delaunay, l'auteur se mit à rêver à d'anciens souvenirs et à des chagrins
passés ». (Paul de Musset, *Biographie d'Alfred de Musset*, *Œuvres complètes*, éd. Philippe Van Tieghem, Paris, Seuil, « L'Intégrale », 1963,
p. 35).
4. Nous reproduisons intégralement ce fragment dans le Dossier,
p. 123.

et les dons de Valentin qui créent l'impression de proximité entre le nouvelliste et son personnage. Sur ce point,
Paul ne s'est pas trompé, qui a vu son frère tel qu'en lui-
même dans les mômeries du héros. Comme Musset, le
jeune distrait a eu une enfance choyée – c'est un bambin
gâté par sa mère ; il a fait son droit ; il dessine passablement bien, il est joueur, il est dépensier, il a des dettes, il
aime les femmes... Si plaisantes soient ces similitudes
entre Valentin et Alfred, elles posent la question fonda-
mentale de la *poétique* de Musset : quel rapport unit
l'imaginaire et le vécu à la création littéraire ? C'est peut-
être le ton si personnel du récit qui rappelle de façon
sensible l'implication de l'auteur et sa manière d'évoquer
des sujets sérieux en s'amusant. La présence de Musset,
plus ou moins avouée, contribue surtout au réalisme psychologique des caractères et renouvelle le genre même
de la nouvelle, jouant avec les limites du romanesque et
de l'autofiction.

UN HOMME ET DEUX FEMMES

Le titre de la nouvelle suggère d'emblée une intrigue
double, des quiproquos, des situations incongrues. De
telles données ne sont étrangères ni à l'univers esthétique
de Musset ni à l'*éthos* de l'artiste, dont les amours,
comme l'a montré Frank Lestringant, fonctionnent souvent « par paire [1] ». Adolescent, Musset s'enamoure des
sœurs Le Douairin, Louise et Zoé, auxquelles il dédie
l'un de ses premiers poèmes [2]. En 1835 et 1836, il rencontre Caroline Jaubert qui lui présente sa cousine
Aimée d'Alton ; il aime la seconde tout en continuant à
fréquenter la première, appliquant à la lettre le fameux
vers de « La Nuit d'août » : « Il faut aimer sans cesse,

---

1. Voir sa biographie : *Alfred de Musset*, Paris, Flammarion,
« Grandes Biographies », 1999, p. 56.
2. « À Mademoiselle Zoé le Douairin », *Poésies complètes*, éd. Maurice Allem, Paris, Gallimard, « Bibliothèque de la Pléiade », 1957,
p. 506.

après avoir aimé[1] ». Au cours de l'année 1839, il courtise
Pauline García et la tragédienne Rachel. La première ne
cède pas à ses avances mais devient une amie ; la seconde
s'abandonne mais les amours du poète et de l'actrice sont
orageuses. Frappante est la confusion esthétique que sus-
cite l'attrait pour ces deux artistes. Dans les deux articles
qu'il consacre à Pauline García[2], Musset ne cesse en effet
de comparer la cantatrice à la tragédienne. L'image de
l'une fait surgir le visage de l'autre. C'est déjà la stratégie
des *Deux Maîtresses* quand, au chapitre II, Musset fait
le portrait croisé de deux femmes : Valentin croque l'une
de ses maîtresses en pensant à l'autre et son dessin ressemble aux deux sans figurer ni l'une ni l'autre. Jeu de
dupes et confusion des traits trahissent la curiosité de
Musset pour les situations triangulaires, troubles, équivoques. Dès le premier chapitre, la référence aux *Ménechmes* de Plaute, pièce dont le comique repose sur les
quiproquos entre deux jumeaux, fait de la nouvelle une
« comédie des erreurs ». La suite du récit le confirme, qui
offre une série symbolique de doubles : cigale et fourmi,
deux pigeons, deux mouchoirs, deux quartiers, deux maisons, deux femmes, deux vies. La dialectique joue par
conséquent à tous les niveaux du récit.

Dès les premières œuvres, le thème du double et celui
du dilemme, son corrélat, affleurent obsédamment dans
les intrigues de Musset. L'identité masculine se frac-
tionne souvent en deux personnages, opposés dans leur
comportement comme dans leur rapport à la vie : Rafaël
et l'abbé Annibal Desiderio dans *Les Marrons du feu*,
Razzetta et le Prince dans *La Nuit vénitienne*, Octave et
Cœlio dans *Les Caprices de Marianne*, Fantasio et Spark

---

1. « La Nuit d'août », *Premières Poésies, Poésies nouvelles*,
éd. Patrick Berthier, Paris, Gallimard, « Poésie », 1976, p. 260.
2. Les deux articles consacrés à Pauline García parurent dans la
Revue des Deux Mondes, le 1er janvier et le 1er novembre 1839. Par la
suite, Musset entretiendra un échange épistolaire et amical avec celle
qui deviendra Pauline Viardot, célèbre cantatrice et sœur de la
Malibran pour laquelle Musset écrivit ses très célèbres « Stances ».

dans *Fantasio*, Lorenzo et le duc dans *Lorenzaccio* [1], Octave et Desgenais dans *La Confession d'un enfant du siècle*. Loin de réduire ces schémas à un manichéisme sans nuances dans sa conception du personnage, Musset y projette son ambiguïté native et, sur le plan du style, sa préférence pour les systèmes dialogiques. Il trouve ainsi le moyen poétique de jouer avec les contrastes, procédé romantique s'il en est, sans pour autant célébrer ni appliquer l'esthétique du sublime et du grotesque chère à Hugo. Plus diffluente que vraiment contradictoire, l'opposition est symptomatique de la recherche d'une pureté et d'une unité originelles [2], quête qui s'achève le plus souvent par la mort, ou, dans le meilleur des cas, par le renoncement (*Les Caprices de Marianne*, *On ne badine pas avec l'amour*, *Fantasio*). À la recherche de la bonne part de lui-même, Musset s'est peint dans ses personnages comme on exorcise un mal. Les jeux littéraires du dédoublement évoluent avec l'œuvre, et si Valentin est un autre Musset, il ne s'agit plus du « jeune homme vêtu de noir qui [lui] ressembl[e] comme un frère [3] », mais d'un étourdi sympathique qui a survécu à ses contradictions.

Que le cœur se divise pour vivre deux aventures, voilà qui ne surprend guère chez un artiste dont l'imaginaire, comme celui du compositeur Robert Schumann, se réfracte dans des schémas binaires [4]. Faut-il y lire la recherche d'une unité perdue ou la fuite éperdue hors de soi ? S'agit-il d'un jeu de dédoublement littéraire ou de l'expression d'une angoisse plus sournoise ? Sont-ce les

---

1. Voir l'ouvrage de Bernard Masson : *Musset et son double. Lecture de Lorenzaccio*, Paris, Minard, 1978.
2. Sur ce point, voir le livre d'Alain Heyvaert, *La Transparence et l'indicible dans l'œuvre d'Alfred de Musset*, Paris, Klincksieck, 1994, p. 135 *sq.*
3. « La Nuit de décembre », éd. citée, p. 249.
4. Si Musset avouait à Sand qu'il était Octave et Cœlio, Robert Schumann confiait à Clara Wieck qu'il était à la fois Eusebius le mélancolique et Florestan l'animé, personnages empruntés à l'œuvre de E.T.A. Hoffmann et que l'on retrouve dans son *Carnaval* (1835).

effets d'un mal insidieux que l'auteur *Janus bifrons* partageait peut-être avec Valentin [1] ?

LA DOUBLE VIE DE VALENTIN

Avec *Les Deux Maîtresses*, les enjeux de la gémellité se modifient et ont des conséquences moins tragiques sur le devenir des personnages. Valentin réunit à lui seul les ambivalences de jadis, et c'est tout l'enjeu du portrait qui occupe le premier chapitre. Les contradictions qui forgeaient deux natures masculines opposées se fondent en un seul héros. La dualité ne disparaît pas pour autant mais se retrouve dans le portrait croisé de deux jeunes femmes que tout sépare, à l'exception d'une vague ressemblance physique, suggérée par le dessin de Valentin. L'exubérante marquise de Parnes et la sobre madame Delaunay prennent en charge les polarités du héros et cette plaisante confrontation des deux femmes renvoie sans cesse à la double nature de Valentin [2]. Jeu et sérieux cohabitent donc dans le héros, vierge folle et vierge sage, qui tantôt fait montre de désinvolture, tantôt sombre dans des abîmes de perplexité, ce que confirme la structure de la nouvelle : le premier chapitre organise les contradictions de Valentin, le second les confirme en pré-

---

1. Plusieurs témoignages prouvent que Musset souffrait d'autoscopie, pathologie qui provoque hallucinations, accès de violence et impression de dédoublement. George Sand avait été témoin d'une telle crise dans la forêt de Fontainebleau en juillet 1833 (voir Frank Lestringant, *Alfred de Musset, op. cit.*, p. 177 *sq.*). Louise Colet, qui fut la maîtresse du poète, dans son roman autobiographique *Lui*, décrit une crise qu'Alfred de Musset (*alias* Albert de Lincel) aurait eue : « Ses yeux brillaient comme des escarboucles sur son visage empourpré, il saisit mes bras sans me parler, avec ses mains amaigries, qui m'entraînèrent comme deux menottes de fer [...] ; il essaya de déchirer avec ses dents la mousseline qui me couvrait [...] Je me demandais s'il devenait fou ou s'il était en état d'ivresse » *(Lui, roman contemporain*, Naumbourg, Paetz, 1860, p. 83-84).
2. La dualité rappelle aussi la double nature d'Alfred, capable de quitter une orgie pour s'enfermer dans sa chambre et verser sur la page la poésie ininterrompue de sa vie.

sentant les deux maîtresses, chacune dans son univers. Mais on peut chercher ailleurs l'origine des personnages de la nouvelle. Dans une lettre à la princesse Belgiojoso, Musset livre en effet un « secret de fabrication » à son interlocutrice qui le questionne sur l'invention des héros : « Vous me parlez du moyen de déguiser les personnages. Il y en a un bien simple, c'est de changer les sexes [1]. » Musset s'est-il peint dans les deux maîtresses de son récit ? Aristocrate comme Isabelle de Parnes, il est obligé de travailler pour vivre comme madame Delaunay. Selon toute évidence, Musset projette les ambiguïtés de son psychisme jusque dans l'élaboration de ses personnages féminins.

IDENTITÉ, APPRENTISSAGE

Le récit évite cependant la facilité des trop rudes contrastes et des simplifications commodes. Car Musset s'amuse en écrivant et, par la voix du narrateur, refuse le recours factice aux contraires : « En général, lorsqu'il s'agit de justifier un double amour, on a d'abord recours aux contrastes. [...] Je n'ai pas ce prétexte pour m'aider ici, car les deux femmes dont il s'agit se ressemblaient, au contraire, un peu », précise le narrateur dans le premier chapitre [2]. Un homme pris entre deux feux et deux femmes doit choisir entre deux vies. Parce qu'elles se ressemblent, les deux maîtresses mettent Valentin face à un choix délicat. Ce fil thématique fait des *Deux Maîtresses* une manière de bref récit d'apprentissage, dans le sillage de *René* ou d'*Adolphe*, la fin tragique en moins. Valentin, en expérimentant deux manières d'aimer, accède à la connaissance de soi, de l'autre, et plus globalement fait son entrée dans le monde. Même si l'intrigue ne s'étend

---

1. « Lettre du 29 (?) février 1836 », *Correspondance d'Alfred de Musset (1826-1839)*, éd. Marie Cordroc'h, Roger Pierrot et Loïc Chotard, Paris, PUF, Centre des Correspondances du XIXᵉ siècle, 1985, p. 175.
2. p. 43.

que sur deux mois, le caractère initiatique du parcours est patent. Une telle donne paraît peu originale replacée dans la production romanesque des années 1830 et plus globalement dans l'univers du roman d'apprentissage. Qu'il s'agisse de Julien Sorel, ému par la tendresse maternelle de madame de Rênal et saisi par la passion de Mathilde de La Mole ; qu'il s'agisse de Félix de Vandenesse, amoureux de madame de Mortsauf et attiré par la sensuelle Lady Dudley [1], le motif du jeune homme qui entre dans la vie par un double amour est un *topos* romanesque bien connu. La double vie de Valentin s'inscrit donc dans une tradition littéraire éprouvée.

En quoi Musset se montre-t-il original ? Le traitement de la double liaison constitue pour lui une nouvelle étape dans sa réflexion sur le cœur humain. L'humeur spirituelle du récit ne cède jamais vraiment au lyrisme, ni au drame romantique. Pas de sang, pas de morts. Musset reste sobre et ne suit pas la mode de son temps, mettant en pratique son dégoût pour les « romans modernes ». Et c'est sur ce terrain sans doute qu'il fait preuve de singularité, en imposant un ton personnel, tout en finesse, dans une littérature marquée par le goût de la violence et des excès. C'est pourquoi Balzac voit juste quand il rapproche la prose narrative de Musset des stratégies romanesques de Stendhal [2] : les deux auteurs peignent en effet les « épreuves » de héros contradictoires que commente un narrateur éclairé, souvent drôle. Stendhal et Musset mettent à nu les paradoxes de Julien Sorel, de Lucien Leuwen ou de Valentin ; ils dissèquent les sentiments et les jettent en pâture au lecteur, non sans ironie. C'est en ce sens que les dix chapitres des *Deux Maîtresses* forment un récit d'apprentissage « en accéléré ». La réponse à la question qui ouvre le récit – « Croyez-vous, madame, qu'il soit possible d'être amoureux de deux

---

1. Voir Dossier, p. 139.
2. Honoré de Balzac, *Revue parisienne*, Paris, 25 août 1840, p. 356 *sq.*

personnes à la fois [1] ? » – est l'occasion de décrire une expérience décisive, tout en créant un dialogue fécond entre les préoccupations personnelles de Musset, sa culture littéraire et son lecteur.

LE ROMANTISME GALANT

Bien que l'histoire des *Deux Maîtresses* se déroule « vers 1825 » et soit presque contemporaine de l'écriture, le lecteur est invité à un voyage dans le passé. Situé sous la Restauration (plus précisément sous le règne de Charles X, successeur de son frère Louis XVIII) qui marque un retour aux habitudes d'Ancien Régime, le temps de la fiction est légèrement en retrait par rapport à celui de l'écriture, contemporain de la monarchie bourgeoise de Louis-Philippe. Cet écart chronologique est essentiel car il exprime d'emblée le regret des mœurs d'antan, la nostalgie d'une société défunte où les amours, telles que Musset les imagine, étaient peut-être plus heureuses. La narration évolue sous le signe du souvenir d'une aventure vécue et organise subtilement trois niveaux de temporalité : le temps du narrateur (1837), celui de la fiction (1825) et celui du « fantasme littéraire » (la littérature des XVIIe et XVIIIe siècles). Ces trois temps se superposent et renvoient le lecteur aux événements historiques qui se sont produits depuis l'Ancien Régime jusqu'aux années 1830. Se redessinent ainsi les contours symboliques du récit à la lumière de l'Histoire. Né en 1810, Musset fait partie de la génération désenchantée qu'il décrit dans les premières pages de *La Confession d'un enfant du siècle* ; il a conscience, par exemple, des fractures que représentent 1789 et la révolution de juillet 1830. À sa manière, entre les lignes, *Les Deux Maîtresses* rend compte de ces mouvements climatériques.

---

1. Chapitre I, p. 43.

Choisir la Restauration révèle en outre l'utopie de Musset, qui consiste à rapprocher la vie moderne des habitudes surannées de l'Ancien Régime ; à réinventer un monde défunt pour faire surgir, telle une apparition, le fantôme des mœurs aristocratiques – rappelons que Louis XVIII (1815-1824) et Charles X (1824-1830) étaient les frères de Louis XVI et que leur règne a symbolisé le retour à l'avant 1789. Au balancement des cœurs répond l'écho des siècles passés : deux maîtresses, deux époques. La nouvelle met ainsi en place un système qui confronte les mœurs du passé à celles du présent. La marquise de Parnes incarne les fastes d'Ancien Régime, madame Delaunay les amours d'avant 1830.

RÉMINISCENCES LIBERTINES

La nouvelle est tout imprégnée de la culture de Musset, et en particulier de son goût pour les romans libertins. Simples allusions ou références explicites à la littérature du XVIIIe siècle situent les amours de Valentin entre deux mondes, mais aussi entre deux esthétiques romanesques. Musset épouse l'esprit XVIIIe siècle, non la lettre, pour raconter une histoire de son temps. *Les Deux Maîtresses* trahit ainsi l'influence des *Égarements du cœur et de l'esprit* de Crébillon fils ou des *Liaisons dangereuses* de Laclos, auxquels le récit fait plusieurs fois référence, en particulier lors de l'épisode du pavillon de Parnes. Mais Musset ne plagie pas le style de ces œuvres qu'il admire [1], il procède par une série d'analogies entre sa mémoire littéraire et les situations qu'il invente ; c'est

---

1. Valentina Ponzetto, en conclusion de l'ouvrage qu'elle consacre à l'influence de la littérature du XVIIIe siècle dans l'œuvre de Musset, note qu'« il n'écrit pas des imitations et des pastiches et ne vise pas à ressusciter par la reconstruction d'atmosphère un passé révolu » (*Musset, ou la Nostalgie libertine*, Genève, Droz, 2007, p. 357). C'est également l'hypothèse que nous formulions dans notre présentation des *Nouvelles* de Musset, Jaignes, La Chasse au Snark, « Littérature », 2002, p. 47 *sq.*

pourquoi la référence aux romans libertins et aux mœurs libertines a plutôt valeur de repoussoir ou de commentaire que de véritable modèle esthétique. L'évocation des temps libertins est constamment filtrée par l'humour, par l'ironie et par des décalages de toutes sortes – au chapitre V, la scène du pavillon de Parnes fait se remémorer au narrateur un épisode des *Liaisons dangereuses*, mais l'intertexte est miné par un commentaire complice et amusé [1]. Aussitôt convoqué, le modèle du roman libertin semble mis à distance. C'est pourquoi l'on peut interpréter les envies romanesques de Valentin comme une aporie. À l'issue du récit, il aimerait bien suivre la belle marquise comme Lauzun suivait ses maîtresses [2], mais finalement il y renonce. Le temps des folles équipées est passé.

Il faut donc se garder de faire de la narration une imitation des alcôves laclosiennes ou des boudoirs dont les voiles de gaze laissent deviner des spectacles charmants. Cette précaution est d'autant plus nécessaire avec *Les Deux Maîtresses* que le concept même de « roman libertin » n'a pas tout à fait le même sens pour Musset que pour nous. Comme le rappelle Stéphanie Genand, « le roman libertin est un objet paradoxal [3] ». Malgré la difficulté qu'on éprouve à circonscrire la notion, son influence sur l'écriture de la nouvelle est tangible. Musset conserve des romans libertins le sens de l'implicite, la mise en scène du geste et de la parole qui érotisent les

---

1. Voir note 1, p. 78.
2. Voir note 1, p. 107
3. *Le Libertinage et l'histoire : politique de la séduction à la fin de l'Ancien Régime*, Oxford, Voltaire Foundation, 2005, p. 1. L'introduction générale de l'ouvrage pose de manière extrêmement pertinente le problème de la définition du roman libertin. Pour Musset, le roman libertin est un genre subversif qui lui permet d'exprimer sa nostalgie des mœurs d'Ancien Régime. Des travaux critiques récents s'attachent quant à eux à démontrer la fonction polémique et politique du genre. Stéphanie Genand choisit une approche diachronique qui convainc : « Historiciser le libertinage reste peut-être la seule manière d'ordonner son insaisissable diversité », précise-t-elle (p. 3).

rapports entre les sexes ; mais il retient aussi de cette littérature la nécessité des codes, des jeux et de toutes les médiations ludiques qui pimentent les agaceries de la séduction. C'est ici qu'intervient, dans l'écriture de la nouvelle, la subtile dialectique des mots qui séduisent et des gestes qui conquièrent. Dans *Les Deux Maîtresses*, tout est affaire de séduction, ou plutôt « tout commence avec la séduction [1] ». La nouvelle comporte de nombreux dialogues qui exposent un « art de convaincre ». Séduire, c'est conduire l'autre au désir, lui faire admettre, selon un système proche de la conversation, que celui qui évoque le plaisir parle juste et qu'il faut le suivre. Aussi le personnage explore-t-il le maniement des mots, tout en cherchant à se situer physiquement auprès des deux femmes qu'il aime : trop près, c'est indécent ; trop loin, ce n'est pas suffisant. Les rencontres successives de Valentin avec ses maîtresses permettent à Musset d'élaborer une taxinomie de la séduction. Le narrateur distingue en effet la politesse de la courtoisie, la galanterie du libertinage. Et Valentin joue avec les frontières ténues que désignent ces comportements. Au vrai, il s'agit pour Musset de peindre la distance exacte qui sépare les élans du cœur de la concrétisation des désirs. C'est pourquoi, influencé par l'esprit léger et pathétique de *Faublas*, de Louvet de Couvray (publié à partir de 1787), le ton libertin de la nouvelle relève finalement d'une sémiotique assez cérébrale qui participe d'une réflexion plus vaste sur les enjeux de la séduction amoureuse [2].

VESTIGES D'ÉROS

Emblématique de l'esprit libertin, le pavillon de Parnes occupe une place centrale et symbolique dans l'imagi-

---

1. *Ibid.*, p. 15.
2. Voir les pages convaincantes d'Alain Heyvaert sur l'opposition entre innocence et libertinage. *La Transparence et l'indicible, op. cit.*, p. 30-37.

naire du texte. La description de cette « maison à parties » est même le pivot du récit ; d'abord entraperçu, le lieu est auréolé d'un mystère qui exerce sur Valentin une attraction fantasmatique. Aux dires de la rumeur publique, le beau-père d'Isabelle de Parnes y aurait vécu bien des frasques. La scène du pavillon s'apparente à une scène de théâtre, où se mêlent voyeurisme, érotisme, humour et souvenirs littéraires. Dissimulé dans une armoire, le soupirant assiste au repos d'Isabelle. Les œuvres de Crébillon fils, de Diderot et de Laclos influent sur ce tableau où Valentin est présenté comme un épigone de libertin. Tout ensemble Valmont et Danceny, stratège et maladroit, aguerri et enfantin, Valentin réussit l'approche et l'assaut, comme le suggère l'ellipse narrative qui clôt le chapitre. Humour et nostalgie baignent ainsi le cadre des événements, jusque dans le rôle symbolique accordé aux décors. Le fantasme érotique du jeune homme provient à la fois du charme de la maîtresse de maison, du cadre et des souvenirs littéraires distillés par le narrateur qui donnent à la scène sa saveur libertine. Des vestiges d'une époque révolue renaît l'âge d'or des sens.

La nuit et le moment, à demi vécus, à demi rêvés, forment néanmoins une parenthèse dans l'ensemble du récit. Monde clos sur lui-même, scène de théâtre dont les quinquets s'allument et s'éteignent le temps d'une représentation, le pavillon de Parnes relève du fantasme. Certains détails trahissent en effet des écarts entre l'influence du récit libertin, le « décor incitatif[1] » et la situation amoureuse. L'effet de décalage est notamment visible dans certains anachronismes. Le vaste boudoir est agrémenté de meubles Directoire et Empire, non d'un mobilier Louis XV ou Louis XVI qui correspondrait au temps de Crébillon ou de Diderot. Isabelle de Parnes, étendue sur sa « chaise longue », pose en madame Récamier, non en

---

1. Cette expression heureuse est de Valentina Ponzetto, *Musset ou la Nostalgie libertine*, *op. cit.*, p. 92.

présidente de Tourvel ou en marquise de Pompadour. Les voiles blancs qui la couvrent et la dévoilent tout ensemble évoquent l'esthétique du peintre David plus que celle de Fragonard. Une même hétérogénéité se lit dans le comportement du personnage. Si Valentin est comparé au héros des *Liaisons* dans sa cachette malcommode, il fait également songer à don Carlos dans la première scène d'*Hernani* [1] et à Clavaroche dans *Le Chandelier*, tous deux enfermés dans une armoire. Ces intertextes suggèrent la dimension légèrement parodique de l'épisode, ce que confirme l'allusion au héros de *Robert le Diable*, opéra romantique s'il en est. Valentin est un libertin décalé.

Un tel panachage esthétique semble dire que le temps des plaisirs raffinés de l'aristocratie est passé. La nostalgie, dans *Les Deux Maîtresses*, c'est donc le sentiment d'indicible et d'ineffable que distille le narrateur, celui d'un temps où la littérature était capable de raconter des histoires d'amour. Un temps retrouvé puis perdu. À chaque page, le lecteur devine le sourire un peu triste du narrateur qui semble regretter ce XVIIIe siècle où tout était permis – il refuse de décrire l'issue de ces suaves scènes d'amour : « Vous comprenez, madame, que je n'étais pas dans le pavillon, et, du moment que la persienne fut fermée, il m'a été impossible d'en voir davantage [2]. » Pirouette narrative du narrateur-voyeur ou impuissance à exhumer les amours du temps passé ? Le regret libertin ne peut être qu'une vision fugitive – une *fantaisie* – dans la société postrévolutionnaire, et le vicomte Alfred de Musset le sait bien.

Ce phénomène n'est pas propre à Musset. Une même nostalgie littéraire nourrit les écrits que publient Théophile Gautier et Gérard de Nerval à la même époque. *Les Deux Maîtresses* présente ainsi une sphère thématique

---

1. Voir l'article décisif de Florence Naugrette, « Le coup de théâtre dans la dramaturgie hugolienne », in *Dramaturgies romantiques*, Actes du colloque de Dijon, textes réunis par Georges Zaragoza, Presses universitaires de Dijon, 1999.
2. Chapitre V, p. 79.

semblable à celle d'*Omphale* (sous-titrée « Histoire rococo »), nouvelle que Théophile Gautier publie en 1834 [1]. Certes, le récit de Gautier verse dans le fantastique, mais, comme le note Françoise Court-Pérez, « dans *Omphale*, humour et érotisme vont de pair [2] ». De la même manière, drôlerie et sensualité avancent main dans la main dans *Les Deux Maîtresses*. L'imaginaire de Musset rejoint celui de Gautier qui utilise le motif de la « maison à parties » pour exhumer le passé et faire revivre, le temps d'une nuit, les sensuelles heures d'un pavillon libertin. L'une et l'autre nouvelle jonglent avec les codes du libertinage pour mieux constater leur anachronisme et finalement leur disparition. Les héros d'*Omphale* et des *Deux Maîtresses* revivent ainsi les amours de jadis, mais au matin tout se dissipe, comme après un rêve. C'est pourquoi le pavillon de Parnes est un théâtre d'ombres, une scène machinée qui s'anime le temps d'un spectacle pour créer l'illusion. Mais à l'issue du chapitre V, la folie architecturale ne réapparaît plus dans la fable et les situations libertines s'estompent. Le présent dévore le passé et l'engloutit dans des préoccupations matérielles moins séduisantes [3].

---

1. Michel Crouzet note que « l'évasion, pour Gautier, c'est l'époque Louis XV et son style, style d'art, style de vie, qui permet justement le fantastique sensuel de la nouvelle [...] ; dans ce monde "pastel", s'affirment la fantaisie, l'artifice, la distance, la fragilité, c'est-à-dire la tristesse dans le plaisir, le sentiment du précaire et de l'illusion » (Théophile Gautier, *L'Œuvre fantastique* [I-Nouvelles], éd. Michel Crouzet, Paris, Bordas, « Classiques Garnier », 1992, p. 56-57).

2. Françoise Court-Pérez, *Gautier, un romantique ironique. Sur l'esprit de Gautier*, Paris, Honoré Champion, 1998, p. 259. Dans ce livre, Françoise Court-Pérez consacre un chapitre au libertinage et à la préciosité dans l'œuvre de Gautier. Elle procède à plusieurs recoupements judicieux entre Musset et Gautier, notant la parenté évidente et sensible entre deux auteurs qui appréciaient la littérature du XVIIIe siècle et s'estimaient mutuellement. Rappelons que Gautier fut l'un des premiers à avoir compris l'esprit « Ancien Régime » des proverbes de Musset et à réclamer qu'ils fussent joués.

3. C'est aussi sur un détail ironique que se referme *Omphale* : la tapisserie rococo qui avait fait rêver le narrateur est achetée dans une brocante par un Anglais de passage.

L'expérience partagée avec Isabelle de Parnes a toutefois permis à Valentin de revivre son rêve de rose fanée que le retour au réel désigne comme un beau leurre. Valentin n'est pas Valmont. Bien qu'elle soit marquise comme l'héroïne des *Liaisons*, Isabelle de Parnes n'est pas la Merteuil. Musset ne récrit donc pas un récit libertin, mais il met en scène les pratiques d'un plaisir qui appartient à la fiction : « ce ne sont plus que des représentations littéraires du libertinage dix-huitiémiste qu'ont eues les écrivains romantiques. Il n'en pouvait être autrement, puisque ce libertinage-là a disparu avec la Révolution française, la classe qui lui assurait sa cohérence ayant elle-même disparu », rappelle très justement Pierre Laforgue [1]. Certes flottent, sur la demeure de la marquise de Parnes, quelques réminiscences de l'esprit Régence qui répondent aux attentes du dandy « talon rouge ». Mais seul le décor est révélateur de ce monde ancien. Le libertinage n'est que l'illusoire médiation du désir, et relève, à ce titre, de l'utopie d'un esthète nostalgique.

Les Deux Maîtresses : un conte moral ?

Du style : la tradition française

M. de Musset est une nature française, il a le don des résumés clairs et vifs, il abonde en réflexions pleines de sens, concises, frappées comme des louis d'or, et par lesquelles il rattache un portrait, un événement, une scène morale, à la vie humaine, à la philosophie [2].

Le commentaire de Balzac place Musset dans la tradition des écrivains moralistes qui, de La Fontaine à Stendhal, se proposent d'observer les mœurs de leur siècle. Les qualités de concision et de clarté que note

---

1. Pierre Laforgue, *L'Éros romantique. Représentations de l'amour en 1830*, Paris, PUF, « Littératures modernes », 1998, p. 31.
2. Honoré de Balzac, *Revue parisienne*, *op. cit.*, p. 362.

Balzac rappellent la solide culture classique de Musset. Dans la nouvelle, sa dette à l'égard du Grand Siècle est en effet tangible. L'élégance de la prose des *Deux Maîtresses* s'inscrit dans le droit-fil des beautés de la langue classique. Dans la lignée des contes en vers de La Fontaine ou des subtilités de la narration de madame de Lafayette, la nouvelle propose une fine analyse des sentiments. La dilection de Musset pour le XVIIᵉ siècle se devine jusque dans certaines tournures syntaxiques obsolètes que Balzac perçoit comme des fautes, mais qui sont en réalité des coquetteries stylistiques sciemment employées [1].

La structure des *Deux Maîtresses* convoque également la tradition narrative des nouvelles parues dans le *Mercure galant* de Donneau de Visé. Musset utilise en effet le procédé du récit enchâssé qui « garantit » la véracité d'un propos fictionnel. À ce titre, *Les Deux Maîtresses* présente moins les caractéristiques formelles d'un récit libertin que celles du conte galant, hérité de Boccace, revisité par la préciosité et le classicisme. Cette préférence affichée pour le « beau style » exclut tout ensemble une expression poliment bourgeoise et un langage trop libertin ; elle justifie les choix esthétiques de Musset.

Le premier de ces choix affecte la manière de raconter : un homme (le narrateur-conteur) relate à une femme (son auditrice) l'histoire de Valentin, telle qu'elle lui a été rapportée au moment des faits. Quelques détails indiquent même que le narrateur a pu lui-même assister à certains épisodes qu'il décrit, comme l'atteste le dernier paragraphe du chapitre V. Le récit présente donc une

---

1. « Monsieur de Musset est un écrivain trop remarquable pour qu'on ne lui dise pas que *fut* ne se trouve à aucun temps du verbe aller. Si la majeure partie des écrivains du dix-septième siècle a fait cette faute, il est interdit aux écrivains du dix-neuvième de prendre le verbe *être* pour le verbe *aller* » (*ibid.*, p. 361). Balzac, en bon professeur de français, ne perçoit pas l'ironie nostalgique de l'emploi de « fut », que Musset semble apprécier puisqu'il l'utilise déjà dans la tirade d'Hermia des *Caprices de Marianne* (acte I, scène II).

double caractéristique stylistique, puisque Musset recourt aux tournures de l'oralité tout en conservant la densité intellectuelle du conte littéraire. Sacrifiant à la tradition du récit rapporté et au ton de la conversation mondaine, la nouvelle est ponctuée d'adresses à l'interlocutrice qui sont des contrepoints analytiques aux faits narrés. La récurrence de cette destinataire rappelle sans cesse au lecteur que les mésaventures de Valentin sont de seconde main, et par conséquent qu'elles admettent une part d'invention émanant de celui qui les raconte. On se trouve là à la croisée du proverbe et du conte.

Les nombreuses interventions du conteur rendent subjectifs les événements qui fournissent le prétexte à des maximes, à de brèves assertions à valeur proverbiale sur l'amour dont la portée se veut générale, à l'image de cette belle formule : « Devenir amoureux n'est pas difficile, c'est de savoir dire qu'on l'est. » L'esprit de Chamfort point dans ces vérités frappées comme des louis d'or. Musset rejoint en outre la tradition qui veut que le conte tisse deux propos, l'un diégétique, l'autre discursif – l'on raconte et l'on instruit –, ce croisement de deux fils servant de canevas à une réflexion morale. Inscrits dans le système de la narration, les commentaires sont adressés à celle qui écoute, mais aussi à celles et à ceux qui liront. Mais Musset joue avec les ressorts du genre et construit à l'intérieur de son conte moral un système d'échange quelque peu... immoral : un soir, au coin du feu, un jeune homme relate à une jeune femme l'expérience érotique et amoureuse d'un de ses amis... Le choix est malicieux qui fait intervenir un autre jeu de séduction, cette fois entre le conteur et son interlocutrice. Décrire les désirs et les frasques amoureuses d'un tiers n'est jamais innocent dans l'univers de Musset[1]. D'ailleurs le narrateur des

---

1. Dans *Les Caprices de Marianne*, l'héroïne tombe amoureuse d'Octave qui lui a fait le récit et la description des sentiments de Cœlio pour elle. Dans *Emmeline*, les récits légèrement grivois de la jeunesse de madame d'Ennery charment la jeune fille.

Deux Maîtresses rappelle la présence de celle qui l'écoute aux moments charnières du récit, notamment quand il s'agit de réfléchir à l'amour ou d'analyser la voie du cœur ou des sens. Si la complicité entre les sexes n'est pas évidente dans la fable, elle se crée à un autre niveau du récit qui fait songer au ton mondain d'*Un caprice*.

Si Musset avoue dans *Le Poète déchu* (1839) détester la prose, la fluidité des *Deux Maîtresses* infirme les propos d'un poëte déçu, en mal d'inspiration. L'héritage classique se lit dans la netteté du trait et dans la volonté d'écrire une histoire dans laquelle le ton et le rythme s'harmonisent. Mais Musset dépasse le modèle du genre en se l'appropriant par des biais suggestifs. Il est moderne en ce qu'il refuse constamment de nourrir l'illusion romanesque. Dans sa nouvelle, la voix du conteur brise la fiction, empêche l'adhésion du lecteur, et lui interdit par jeu de s'identifier pleinement aux personnages. Paradoxalement, cette technique narrative n'empêche pas *Les Deux Maîtresses* d'instaurer une complicité avec son destinataire, jusqu'à lui rappeler avec humour la matérialité de son activité de lecture : « Tournez la page, elles vont entrer en scène [1] », ordonne-t-il malicieusement à son lecteur.

LA FONTAINE ET MUSSET

L'élégante fluidité des *Deux Maîtresses* tisse en filigrane un discours moraliste, mélange d'épicurisme et de pessimisme, qui relie Musset à La Fontaine. La seule mise en abyme du récit – où l'on voit Valentin et madame Delaunay s'adonner à la lecture – met en scène un ouvrage du célèbre fabuliste : « Si le matin, au lever du soleil, le hasard vous avait mené près du joli bois de Romainville, vous eussiez pu y rencontrer sous le vert bosquet d'une guinguette deux amoureux se parlant à

---

1. Chapitre I, p. 52.

voix basse, ou lisant ensemble La Fontaine [1] ». L'évocation de cet écrivain lors d'une scène intime renforce la dimension apologétique de la nouvelle – et cette présence tutélaire limite tout cynisme que la philosophie libertine aurait pu distiller. Elle situe Musset dans la tradition du conte moral. Selon Balzac, l'esthétique dans laquelle se coule le récit ramène même le lecteur à « l'esprit éminemment français » de Musset, qui « serre de près celle de M. Mérimée et celle de M. Beyle [2] ». Or cet héritage national plonge ses racines dans l'admiration que Musset voue à l'auteur des fables et des contes. La Fontaine est pour Musset un modèle d'acuité et de concision, un maître dans l'observation des mœurs de son temps (qualité qu'il partage avec Molière), un exemple dans l'art de conter : un moraliste à la fois sérieux et plaisant. Avec *Les Deux Maîtresses*, Musset fait lui aussi montre de qualités de conteur, tout en exerçant son talent de satiriste, comme il l'a déjà fait dans *Le Chandelier* ou dans les *Lettres de Dupuis et Cotonet*. Il adopte donc la posture de l'observateur lucide mais aussi celle du moraliste : il étudie les mœurs de son temps, observe les habitudes de ses contemporains. Le narrateur n'est pas pourtant un moralisateur et ne demande pas de juger mais de lire le conte sans *a priori*. De manière discontinue, « à sauts et à gambades », l'auteur construit ainsi un discours qui ne se veut ni prescriptif ni démonstratif, ce qui fait de lui un digne héritier de Montaigne et de La Fontaine.

La signification de la nouvelle s'éclaire également à la lumière des deux fables citées par Musset : « La Cigale et la fourmi » et « Les Deux Pigeons ». Elles illustrent, chacune à sa manière, le parcours de Valentin qui, d'abord dispendieux, fait ensuite l'expérience de la vie à travers deux amours. Comme la cigale de la fable, Valentin est privé de plaisirs pour avoir tout dépensé et il se retrouve seul et désœuvré au cœur du mois d'août. Il ne

---

1. Chapitre VIII, p. 91.
2. Balzac, *Revue parisienne, op. cit.*, p. 361.

lui reste plus qu'à chanter et à danser pour amuser ses maîtresses. Quant à la fable des « Deux Pigeons », elle désigne peut-être le point de vue moral où se situe Musset et indique la couleur romanesque et pathétique qu'il veut donner à son conte. La référence à cette fable de La Fontaine dès le premier chapitre a effet d'annonce : elle relate les mésaventures d'un pigeon qui s'ennuie et décide de quitter son nid d'amour pour vivre des expériences ; après maints dangers et désillusions, il regagne le bercail, penaud et attristé ; en guise d'épilogue, La Fontaine se livre à une méditation sur son passé amoureux. Cette fable préfigure la réflexion sur l'expérience, sur les dangers et les conséquences liés au « principe de plaisir ». Les deux ramiers de la fable rappellent en effet la double vie de Valentin. La première, casanière et prudente, s'oppose à la seconde, excitante, aventureuse mais risquée. Le retour final du héros au logis maternel fait écho, *mutatis mutandis*, au retour au nid de l'animal meurtri. Mais ce mouvement de conclusion correspond aussi au terme de la fable de La Fontaine, dont le ton à la fois lyrique et personnel rappelle que le fabuliste ne juge pas les actes du pigeon voyageur, mais que l'épisode narré le renvoie à lui-même, entraînant une méditation sur les ravissements du temps passé [1]. À l'instar de La Fontaine, Musset ne prend parti ni pour l'un ni pour l'autre type d'existence, mais il décrit deux vies possibles et son propos s'achève, comme dans la fable, sur l'obligation d'un choix circonspect. Se devine ici l'épicurisme pessimiste de Musset qui perpétue la tradition du conte et de la fable, tout en appliquant le principe cher à La Fontaine et à Molière : *placere et docere* : plaire et

---

1. « Hélas ! quand reviendront de semblables moments ? /Faut-il que tant d'objets si doux et si charmants /Me laissent vivre au gré de mon âme inquiète ? /Ah si mon cœur osait encore se renflammer ! /Ne sentirai-je plus le charme qui m'arrête ? /Ai-je passé le temps d'aimer ? » Sur les implications autobiographiques de la fable, voir l'édition et les commentaires de Jean-Pierre Collinet : La Fontaine, *Fables*, Paris, Gallimard, « Folio », p. 522.

instruire. Si Valentin ne se pose pas encore la question finale des « Deux Pigeons » – « Ai-je passé le temps d'aimer ? » –, il s'interroge sur la nature même de l'amour dans une perspective empirique. Le discours hédoniste des *Deux Maîtresses* cèle donc bien des conflits entre matérialisme et spiritualisme, entre l'artifice et la nature. À cet égard, la nouvelle est à la fois un apologue, une confidence et une méditation sur l'amour.

FRAGMENTS D'UN ROMAN D'AMOUR

L'histoire de Valentin revient sur une préoccupation éminemment mussétienne, formulée par Camille dans *On ne badine pas avec l'amour* : « je veux aimer, mais je ne veux pas souffrir[1] ». *Les Deux Maîtresses* sont en effet une sorte de roman bref dont le thème central est l'amour et les tourments qu'engendre sa découverte.

UN PRÉCIS DE BADINAGE AMOUREUX

Pour dire l'amour, Musset suggère plus qu'il ne montre. Une épaule, un bras blanc et rond, une main, un pied bien chaussé, et c'est tout un monde fantasmatique qui s'ouvre au héros. La comparaison physique, épicentre du deuxième chapitre et *leitmotiv* du récit, ne manque pas de piquer la curiosité du lecteur. Cependant Musset met en scène les inclinations du cœur et les affinités sensuelles en respectant les bienséances. Ainsi, Isabelle de Parnes, quand elle repose nonchalamment sur sa chaise longue – à l'image de madame Récamier sur le tableau de Gérard –, représente le désir à fleur de peau ; mais son exquis nonchaloir exclut toute manifestation trop explicite de sexualité. Musset arrondit les angles de la

---

1. *On ne badine pas avec l'amour*, acte II, scène V, in *Théâtre complet*, éd. Simon Jeune, Paris, Gallimard, « Bibliothèque de la Pléiade », 1990, p. 277.

chair, aussi le corps n'est-il jamais montré dans sa nudité mais décrit par fragments. Cette mosaïque du corps féminin envahit le récit à mesure que Valentin accomplit le chemin qui va du désir à sa réalisation.

Cet éveil aux sens est suggéré par le contact de Valentin avec les atours de ses deux maîtresses, et la rhétorique amoureuse repose en grande partie sur la force symbolique des objets qui, loin d'être inanimés, ont une âme charnelle. Mouchoirs, gants, coussin brodé, épingles à cheveux, collier de chrysocale sont érotisés par le regard et par le toucher de Valentin. Ils sont aussi l'occasion de confusions, à l'image du dessin et de la lettre écrite pour madame Delaunay et remise à Isabelle. Le portrait et la missive font le lien entre les deux femmes puisqu'ils circulent de la Chaussée d'Antin à la rue du Plat-d'Étain, créant ainsi une proximité physique entre les deux maîtresses, ce qui ne déplaît pas au jeune amant.

Aux objets répondent les situations. Les nombreux tête-à-tête, seuls ou en présence de témoins muets, laissent de minuscules interstices aux agissements de l'amant. Chaque geste revêt dès lors une signification importante. Valentin profite ainsi de l'éloignement de la mère de Julie pour baiser son gant ; il surprend Isabelle de Parnes en lui dérobant la même faveur. Ces baisers volés cèlent l'ardeur d'un désir que certaines situations exacerbent. C'est ici que la construction symétrique donne son sens à la philosophie hédoniste du récit. La scène du pavillon, durant laquelle Valentin assiste depuis son placard au charmant sommeil de sa belle marquise, trouve son pendant dans celle du bal au cours duquel Valentin ose dévorer le cou de Julie d'un baiser pressant. Dans ces deux scènes, c'est le danger qui stimule l'audace de l'amant intrépide, sans que la nouvelle verse dans la grivoiserie ou dans le mauvais goût. Le risque d'être éconduit ou incongru fait finalement bon ménage avec les soubresauts du désir. Le danger permet à Valentin d'offrir à ses deux maîtresses la part ludique de l'amour, dont elles sont privées, l'une étant veuve, l'autre délaissée par un mari absent.

Dans *Les Deux Maîtresses*, Musset nimbe certaines pratiques de sociabilité du charme discret de l'improvisation érotique. La danse et la musique sont en effet l'occasion de jeux amoureux. Valentin s'amuse, frôle la peau de ses maîtresses et le ridicule sans jamais être grotesque. Une pointe d'humour dans l'amour place toujours le lecteur en complice des agissements du héros ; grâce à certains traits spirituels, le narrateur dérobe aux regards toute scène qui en dévoilerait trop. Le lecteur qui suit ces fragments amoureux à travers les tentations de Valentin n'échappe pas aux mômeries du narrateur. On touche du doigt les interdits, sans qu'ils soient franchis. À défaut d'être le bréviaire d'un libertin, le récit est donc un précis de badinage amoureux.

LE RÉALISME DU CŒUR

Placée sous le signe du double, l'intrigue amoureuse des *Deux Maîtresses* évolue en deux temps : cinq chapitres pour les plaisirs, cinq chapitres pour la lucidité. L'aventure de Valentin s'apparente en effet à l'histoire d'une prise de conscience. Au début du chapitre VI, l'épisode du mouchoir, motif emprunté à l'*Othello* de Shakespeare, marque une nette transition et un déplacement des enjeux psychologiques et moraux. La séduction est désormais minée par des préoccupations sérieuses et même par une certaine forme de gravité. Si le récit bascule au chapitre VI, c'est que les propos galants, à force de titiller les sens, ont fini par frapper droit au cœur. Chez Musset, la réalité du badinage conduit immanquablement à la vérité de l'amour. Avec la prise de conscience du sentiment amoureux naissent les premières douleurs, les premières craintes. Aimer reste un acte grave, même pour Isabelle de Parnes qui mesure les conséquences du badinage à l'aune de ses larmes. C'est aussi le sens de la leçon de morale que madame

Delaunay sert à Valentin en guise de réponse à ses avances. La jeune veuve avoue qu'on ne peut résister au plaisir d'être séduite, mais dit aussi qu'une femme respectable ne peut céder à la tentation charnelle, *a fortiori* quand des sentiments *vrais* entrent dans l'arène. Ce sont bien les femmes qui les premières prennent conscience du mal, comme c'est souvent le cas dans l'œuvre de Musset : à Valentin d'en tirer la leçon douce-amère.

Le jeu de l'amour, quand il ne se réduit pas à la rencontre de deux épidermes, condamne-t-il les héros de la nouvelle à l'aporie ou à la souffrance ? Après le triomphe de l'amour, Isabelle et Julie en font l'épreuve. La première, comprenant qu'elle a une rivale, est blessée dans son orgueil de capricieuse ; la seconde, quand elle devine la présence d'une autre femme, ressent les tourments de la jalousie. L'esprit de Marivaux n'est pas étranger à cette cruauté du cœur.

LE PRIX DE L'AMOUR

Bien qu'elle ne soit pas ouvrière, madame Delaunay fait songer à la grisette, type social et romanesque du Paris des années 1840 auquel Musset rend hommage dans *Mimi Pinson* ou dans le proverbe *L'Habit vert*. C'est en inscrivant la fable dans un contexte social précis que Musset renforce la veine pathétique du récit. L'inquiétude envahit également la nouvelle dès lors que le héros cesse seulement de considérer la superficie des jeux de séduction pour constater que la vie dispendieuse de l'une et la gêne financière de l'autre influent sensiblement sur leur apparence et leur manière d'aimer. La découverte du « secret » de madame Delaunay provoque une prise de conscience qui modifie le cours du récit comme sa tonalité : la jeune femme doit travailler pour vivre. Musset l'impécunieux établit le décompte des menus plaisirs d'une vie de dandy, mais il évalue aussi les heures que nécessite la confection d'un coussin brodé : tout se noue et se dénoue autour du coussin confectionné par la veuve car l'objet incarne les difficultés matérielles d'une femme qui lutte pour donner le change et sauver les apparences.

Les Deux Maîtresses brosse le tableau d'une société où l'argent s'infiltre dans les plis des robes d'organdi, dans les points de broderie, dans les habitudes des amants. Si spirituel soit-il, le récit n'en comporte pas moins de multiples allusions aux biens numéraires, aux dépenses, au coût de la vie. Plusieurs passages de la nouvelle rappellent *ostinato* la prépondérance de l'argent dans l'univers des trois personnages. Deux scènes illustrent cette préoccupation, celle du coussin confectionné par Julie Delaunay et payé cinquante francs, celle du bouquet de roses à quatre sous. La nouvelle invite dès lors à une méditation sur la valeur des biens de ce monde. *Vanitas vanitatum*. Valentin prend ainsi conscience de l'amour en comparant les valeurs concrète et symbolique des « choses de la vie ». Ces détails pragmatiques sont ceux du présent immédiat : il faut *aussi* travailler pour vivre. Certes le lecteur n'est pas emporté dans le tourbillon fou des angoisses pécuniaires des *Scènes de la vie de bohème* de Murger (1845), roman qui met en scène les tribulations d'artistes et de grisettes ; mais Musset décrit une réalité sociale plus rude que ne le laisserait accroire la verve spirituelle de sa nouvelle. Il fait le constat d'une société dans laquelle les femmes de bonne famille doivent travailler pour entretenir une maison. Se joue ici une réflexion sur la valeur du travail, mais se noue aussi le conflit du superflu et du nécessaire – conflit entre luxe et économie qui taraudera Musset toute sa vie. De façon sensible et pathétique, *Les Deux Maîtresses* rappelle que le verbe *aimer* rime parfois avec le verbe *compter*.

La vie et l'amour ont un coût. Si Balzac appréciait la nouvelle de Musset, c'est qu'il y voyait la présence romanesque d'enjeux socio-économiques. Zola, qui considère Musset comme son double, ou *Doppelgänger* [1],

---

1. François-Marie Mourad utilise ce terme allemand, qui signifie « double » – titre d'un célèbre lied de Schubert extrait du cycle *Schwanengesang* D. 957 (*Le Chant du Cygne*) –, pour décrire l'admiration

avait sans doute lui aussi perçu cette influence des données matérielles sur les sentiments des personnages, ce que confirme l'écriture des *Contes et Nouvelles* qui se situent dans la lignée des récits de Musset [1]. Mêlés ensemble, les thèmes de l'incertitude amoureuse et de l'inquiétude matérielle dévoilent une autre couleur du récit. *Les Deux Maîtresses* présente en effet des miroitements réalistes dans un récit d'analyse psychologique. Le dénouement qui surprend Balzac et qu'il juge « bourgeois » se justifie dès lors qu'on prend en compte le conflit de valeurs qu'expose Musset tout au long de sa fable : le choix final de Valentin est un retour à la raison du cœur et aux contraintes du portefeuille.

L'esthétique du contraste que déploie Musset vaut aussi pour les couches sociales auxquelles appartiennent les deux femmes, séparées économiquement et réunies grâce à un subterfuge dans l'esprit de Marivaux : la marquise se déguise en femme du peuple pour approcher sa rivale. Sans doute serait-il excessif d'attribuer à la nouvelle un message social qu'elle ne comporte pas ; pourtant *Les Deux maîtresses* annonce *Frédéric et Bernerette* et *Mimi Pinson*, deux « études de mœurs » dont le cadre contemporain se veut socialement réaliste. Le matérialisme des *Deux Maîtresses* prouve enfin que Musset n'a jamais vraiment abandonné le projet initial que lui avait suggéré Buloz, celui d'écrire un roman de mœurs contemporaines : après la parution de *La Confession d'un enfant du siècle*, Musset s'était engagé à écrire un tel roman, mais le projet n'aboutit pas ; à la place, il écrivit six nouvelles.

Car c'est bien son époque que Musset peint dans son récit ; il dit la difficulté d'acclimater les égarements d'un cœur fantaisiste aux contraintes matérielles de l'ère

fraternelle de Zola pour Musset. Dans son ouvrage, il consacre un chapitre complet à l'influence du second sur le premier. *Zola, critique littéraire*, Paris, Honoré Champion, 2003, p. 196 *sq.*

1. Voir l'édition de référence en deux volumes : Émile Zola, *Contes et Nouvelles*, éd. François-Marie Mourad, Paris, GF-Flammarion, 2008.

moderne ; il constate l'impossibilité de suivre les codes anciens dans un monde nouveau. *Les Deux Maîtresses* décrivent une société dont les rêves aristocratiques sont happés par les inquiétudes du monde moderne et révèlent un aspect moins connu de la création mussé-tienne. Musset, « peintre de la vie moderne » ? Le poète lyrique et le brillant dramaturge font place à l'observa-teur lucide, sensible aux transformations, aux oscillations sociales et culturelles de son temps.

* *

« Tu crois qu'on peut aimer deux femmes en même temps ? Est-ce que c'est normal [1] ? » demande le héros de *L'Amour, l'après-midi* à celle qui sera peut-être sa maî-tresse. Dans ce conte moral d'Éric Rohmer, un jeune Parisien marié mène pendant quelques mois une double vie entre Hélène, sa femme, et Chloé qui le courtise ; il s'interroge sur la force et sur la fragilité de son couple, sur le plaisir de l'interdit et sur la trahison. Le person-nage hésite entre le bonheur calme d'une vie conjugale et les délices de l'aventure. En 1972, le propos de Rohmer se situe dans l'exact sillage des *Deux Maîtresses* et montre la pérennité des analyses de Musset sur le cœur humain. Entre l'esprit de Marivaux et celui de Rohmer, la nouvelle peut intéresser le lecteur d'aujourd'hui car la question posée dans le premier chapitre a traversé le temps : « Croyez-vous, madame, qu'il soit possible d'être amoureux de deux personnes à la fois ? » Musset et Rohmer semblent finalement répondre en donnant à leur conte un dénouement moral. En vérité tous deux font un tableau doux-amer de l'amour. Les femmes et les hommes sont toujours voués à se mentir, à se trahir ; chaque histoire de cœur porte son lot de joies et de

---

1. Éric Rohmer, *L'Amour, l'après-midi, Six Contes moraux*, Paris, Ramsay, 1974, p. 246. Le film tiré de ce récit est sorti dans les salles en 1972.

déplaisirs. La véritable question que pose la nouvelle est peut-être celle du sacrifice : peut-on aimer sans renoncer à une part de soi ?

Si romanesques que soient les amours de Valentin et quelque indécise que soit la chute du récit, Musset démontre qu'avec *Les Deux Maîtresses* il est tout ensemble rieur lucide, et conteur de premier ordre. Dans sa nouvelle, il ne cesse en effet de suivre la loi du plaisir, jusque dans la connivence qu'il crée avec son lecteur car, finalement, « ce n'est ni le vrai ni le vraisemblable qui font la beauté de ces choses-ci, c'est seulement la manière de les conter [1] ».

Sylvain LEDDA.

---

1. Jean de La Fontaine, « Préface », *Contes et Nouvelles,* éd. Georges Couton, Paris, Bordas, « Classiques Garnier », 1961, p. 5.

Les Deux Maîtresses

NOTE SUR LA PRÉSENTE ÉDITION

Nous avons utilisé pour cette édition la version « préoriginale » des *Deux Maîtresses*, parue dans la *Revue des Deux Mondes* le 1ᵉʳ novembre 1837. Nous avons respecté la ponctuation du texte premier, y compris pour les guillemets et les tirets. L'orthographe a été modernisée. Dans l'édition originale parue chez Dumont en deux volumes (1840) puis dans l'édition Charpentier en un volume (1841), *Les Deux Maîtresses* figure en tête de recueil, bien qu'il s'agisse de la deuxième nouvelle composée par Musset. L'auteur n'a pas laissé d'explications sur ce choix éditorial : avait-il une préférence personnelle pour ce récit ? Aucun document ne nous permet de l'affirmer avec certitude. À partir de 1879, *Les Deux Maîtresses* retrouve la deuxième place qui est la sienne dans la chronologie de publication, puisque cette nouvelle se place entre *Emmeline* et *Frédéric et Bernerette* [1].

1. Voir notre édition des *Nouvelles*. Pour le présent volume, nous n'indiquons pas les variantes des éditions ultérieures. Elles sont assez peu nombreuses et n'apportent souvent que de très légères modifications au texte. On trouvera cependant l'intégralité des variantes dans notre édition citée des *Nouvelles*.

I

Croyez-vous, madame, qu'il soit possible d'être amoureux de deux personnes à la fois ? Si pareille question m'était faite, je répondrais que je n'en crois rien. C'est pourtant ce qui est arrivé à un de mes amis, dont je vous raconterai l'histoire afin que vous en jugiez vous-même.

En général, lorsqu'il s'agit de justifier un double amour, on a d'abord recours aux contrastes. L'une était grande, l'autre petite ; l'une avait quinze ans, l'autre en avait trente. Bref, on tente de prouver que deux femmes qui ne se ressemblent ni d'âge, ni de figure, ni de caractère, peuvent inspirer en même temps deux passions différentes. Je n'ai pas ce prétexte pour m'aider ici, car les deux femmes dont il s'agit se ressemblaient, au contraire, un peu. L'une était mariée, il est vrai, et l'autre veuve ; l'une riche, et l'autre très pauvre ; mais elles avaient presque le même âge, et elles étaient toutes deux brunes et fort petites. Bien qu'elles ne fussent ni sœurs ni cousines, il y avait entre elles un air de famille : de grands yeux noirs, même finesse de taille ; c'étaient deux ménechmes [1] femelles. Ne vous effrayez pas de ce mot ; il n'y aura pas de quiproquos dans ce conte.

---

1. Dans la comédie de Plaute, *Les Ménechmes* (184 av. J.-C.) désignent des frères jumeaux. Cette donnée dramatique entraîne des situations comiques : les deux frères ignorent leur existence respective et se découvrent par hasard, ce qui donne lieu à des scènes cocasses. Ces quiproquos, exploités dans les récritures de la pièce de Plaute, inspirent *La Comédie des erreurs* de Shakespeare, *Les Ménechmes ou les Jumeaux* de Regnard, *Les Deux Jumeaux vénitiens* de Goldoni. Musset a pu voir la comédie de Plaute, adaptée à la Comédie-Française

Avant d'en dire plus de ces dames, il faut parler de notre héros. Vers 1825 environ [1], vivait à Paris un jeune homme que nous appellerons Valentin. C'était un garçon assez singulier, et dont l'étrange manière de vivre aurait pu fournir quelque matière aux philosophes qui étudient l'homme. Il y avait en lui, pour ainsi dire, deux personnages différents. Vous l'eussiez pris, en le rencontrant un jour, pour un petit-maître de la Régence [2]. Son ton léger, son chapeau de travers, son air d'enfant prodigue en joyeuse humeur, vous eussent fait revenir en mémoire quelque *talon rouge* [3] du temps passé. Le jour suivant, vous n'auriez vu en lui qu'un modeste étudiant de province se promenant un livre sous le bras. Aujourd'hui il roulait carrosse et jetait l'argent par les fenêtres ; demain il allait dîner à quarante sous. Avec cela, il recherchait en toute chose une sorte de perfection et ne goûtait rien qui fût incomplet. Quand il s'agissait de plaisir, il voulait que tout fût plaisir, et n'était pas homme à acheter une jouissance par un moment d'ennui. S'il avait une loge au spectacle, il voulait que la voiture qui l'y menait fût douce, que le dîner eût été bon, et qu'aucune idée fâcheuse ne pût se présenter en sortant. Mais il buvait de bon cœur la piquette [4] dans un cabaret de campagne et

---

dans la première moitié du XIXᵉ siècle. Mais il connaissait sans doute la version de Regnard, publiée dans les *Œuvres complètes* : deux personnages de cette comédie s'appellent en effet Valentin et Isabelle.

1. L'intrigue se déroule au cours de la seconde Restauration sous Charles X, deuxième frère de Louis XVI, qui régna de 1824 à 1830.

2. Il s'agit de la Régence de Philippe d'Orléans (1715-1723). À la mort de Louis XIV, Louis XV, arrière-petit-fils du Roi-Soleil, n'a que cinq ans. L'intérim est assuré par son oncle Philippe, le Régent, célèbre pour ses frasques. Après les heures sombres de la fin du règne de Louis XIV, la Régence est considérée comme un moment de liberté dans les mœurs. En évoquant cette période, Musset introduit la thématique libertine dans son récit.

3. Au XVIIIᵉ siècle, seule la noblesse de cour pouvait porter des talons rouges ; cette synecdoque présente le personnage comme un aristocrate du siècle passé. L'expression « talon rouge » revient dans plusieurs œuvres de Musset (*La Mouche*, *Sur trois marches de marbre rose*, *Mimi Pinson*).

4. Vin aigre de piètre qualité.

se mettait à la queue pour aller au parterre. C'était alors un autre élément, et il n'y faisait pas le difficile ; mais il gardait dans ses bizarreries une sorte de logique, et s'il y avait en lui deux hommes divers, ils ne se confondaient jamais.

Ce caractère étrange provenait de deux causes : peu de fortune et un grand amour du plaisir. La famille de Valentin jouissait de quelque aisance, mais il n'y avait rien de plus dans la maison qu'une honnête médiocrité [1]. Une douzaine de mille francs [2] par an dépensés avec ordre et économie, ce n'est pas de quoi mourir de faim ; mais quand une famille entière vit là-dessus, ce n'est pas de quoi donner des fêtes. Toutefois, par un caprice du hasard, Valentin était né avec des goûts que peut avoir le fils d'un grand seigneur. À père avare, dit-on, fils prodigue ; à parents économes, enfant dépensier. Ainsi le veut la Providence, que cependant tout le monde admire.

Valentin avait fait son droit [3], et était avocat sans causes, profession commune aujourd'hui. Avec l'argent qu'il avait de son père et celui qu'il gagnait de temps en temps, il pouvait être assez heureux, mais il aimait mieux tout dépenser à la fois et se passer de tout le lendemain. Vous vous souvenez, madame, de ces marguerites que les enfants effeuillent brin à brin ? *Beaucoup*, disent-ils à la première feuille ; *passablement*, à la seconde, et, à la troisième, *pas du tout*. Ainsi faisait Valentin de ses journées ; mais le *passablement* n'y était pas, car il ne pouvait le souffrir.

Pour vous le faire mieux connaître, il faut vous dire un trait de son enfance. Valentin couchait, à dix ou douze ans, dans un petit cabinet vitré, derrière la chambre de sa mère. Dans ce cabinet d'assez triste apparence, et encombré d'armoires poudreuses, se trouvait, entre

---

1. Musset utilise le substantif *médiocrité* dans son acception vieillie qui signifie « dans la moyenne ».
2. Environ 45 000 euros.
3. Musset lui aussi avait commencé des études de droit, très vite abandonnées.

autres nippes, un vieux portrait avec un grand cadre doré. Quand, par une belle matinée, le soleil donnait sur ce portrait, l'enfant, à genoux sur son lit, s'en approchait avec délices. Tandis qu'on le croyait endormi, en attendant que l'heure du maître arrivât, il restait parfois des heures entières le front posé sur l'angle du cadre ; les rayons de lumière, frappant sur les dorures, l'entouraient d'une sorte d'auréole où nageait son regard ébloui. Dans cette posture, il faisait mille rêves ; une extase bizarre s'emparait de lui. Plus la clarté devenait vive, et plus son cœur s'épanouissait. Quand il fallait enfin détourner les yeux, fatigués de l'éclat de ce spectacle, il fermait alors ses paupières, il suivait avec curiosité la dégradation des teintes nuancées dans cette tache rougeâtre qui reste devant nous quand nous fixons trop longtemps la lumière ; puis il revenait à son cadre et recommençait de plus belle. Ce fut là, m'a-t-il dit lui-même, qu'il prit un goût passionné pour l'or et le soleil, deux excellentes choses du reste.

Ses premiers pas dans la vie furent guidés par l'instinct de la passion native. Au collège, il ne se lia qu'avec des enfants plus riches que lui, non par orgueil, mais par goût [1]. Précoce d'esprit dans ses études, l'amour-propre le poussait moins qu'un certain besoin de distinction. Il lui arrivait de pleurer au milieu de la classe, quand il n'avait pas, le samedi, sa place au banc d'honneur. Il achevait ses humanités et travaillait avec ardeur, lorsqu'une dame, amie de sa mère, lui fit cadeau d'une belle turquoise ; au lieu d'écouter la leçon, il regardait sa bague reluire à son doigt. C'était encore l'amour de l'or tel que peut le ressentir un enfant curieux. Dès que l'enfant fut homme, ce dangereux penchant porta bientôt ses fruits.

À peine eut-il sa liberté, qu'il se jeta sans réflexion dans tous les travers d'un fils de famille. Né d'humeur

---

1. C'est également le cas du jeune Musset qui, élève du collège Henri-IV, fréquente les enfants de l'aristocratie, parmi lesquels le duc de Chartres, fils aîné du futur Louis-Philippe.

gaie, insouciant de l'avenir, l'idée qu'il était pauvre ne lui
venait pas, et il ne semblait pas s'en douter. Le monde le
lui fit comprendre. Le nom qu'il portait lui permettait de
traiter en égaux des jeunes gens qui avaient sur lui l'avantage de la fortune. Admis par eux, comment les imiter ?
Les parents de Valentin vivaient à la campagne. Sous prétexte de faire son droit, il passait son temps à se promener aux Tuileries et au boulevard [1]. Sur ce terrain, il était
à l'aise ; mais, quand ses amis le quittaient pour monter
à cheval, force lui était de rester à pied, seul et un peu
désappointé. Son tailleur lui faisait crédit ; mais à quoi
sert l'habit quand la poche est vide ? Les trois quarts du
temps, il en était là. Trop fier pour vivre en parasite, il
prenait à tâche de dissimuler ses secrets motifs de sagesse,
refusait dédaigneusement des parties de plaisir où il ne
pouvait payer son écot, et s'étudiait à ne toucher aux
riches que dans ses jours de richesse.

Ce rôle, difficilement soutenu, tomba devant la volonté
paternelle [2] ; il fallut choisir un état. Valentin entra dans
une maison de banque. Le métier de commis ne lui plaisait guère, encore moins le travail quotidien. Il allait au
bureau l'oreille basse ; il avait fallu renoncer aux amis en
même temps qu'à la liberté ; il n'en était pas honteux,
mais il s'ennuyait. Quand arrivait, comme dit André
Chénier, le jour de la veine dorée [3], une sorte de fièvre le
saisissait. Qu'il eût des dettes à payer ou quelque

---

1. Il s'agit du boulevard des Italiens, également appelé boulevard de
Gand entre 1815 et 1828. Fréquenté par les nobles revenus de l'émigra-
tion après la chute de l'Empire en 1815, le boulevard est un haut lieu
de la vie parisienne sous la Restauration. On y rencontre des « Lions »
et des *fashionable*, c'est-à-dire des jeunes gens à la mode (voir Dossier,
p. 123).
2. Nouvel écho personnel : en 1829, le père d'Alfred de Musset lui
suggéra également de choisir une voie professionnelle.
3. Musset cite de manière approximative deux vers de la onzième
élégie d'André Chénier (1762-1794) : « Mais si Plutus revient, de son
onde dorée,/ Conduire dans mes mains quelque veine égarée [...] ».
André Chénier, *Œuvres complètes*, éd. Gérard Walter, Paris, Gallimard,
« Bibliothèque de la Pléiade », 1989, p. 65.

emplette utile à faire, la présence de l'or le troublait à tel point, qu'il en perdait la réflexion. Dès qu'il voyait briller dans ses mains un peu de ce rare métal, il sentait son cœur tressaillir, et ne pensait plus qu'à courir, s'il faisait beau. Quand je dis courir, je me trompe ; on le rencontrait, ces jours-là, dans une bonne voiture de louage, qui le menait au Rocher de Cancale [1] ; là, étendu sur les coussins, respirant l'air ou fumant son cigare, il se laissait bercer mollement, sans jamais songer à demain. Demain pourtant, c'était l'ordinaire, il fallait redevenir commis ; mais peu lui importait, pourvu qu'à tout prix il eût satisfait son imagination. Les appointements du mois s'envolaient ainsi en un jour. Il passait, disait-il, ses mauvais moments à rêver, et ses bons moments à réaliser ses rêves : tantôt à Paris, tantôt à la campagne, on le rencontrait avec son fracas [2], presque toujours seul, preuve que ce n'était pas vanité de sa part. D'ailleurs, il faisait ses extravagances avec la simplicité d'un grand seigneur qui se passe un caprice. Voilà un bon commis, direz-vous ; aussi le mit-on à la porte.

Avec la liberté et l'oisiveté revinrent des tentations de toute sorte. Quand on a beaucoup de désirs, beaucoup de jeunesse et peu d'argent, on court grand risque de faire des sottises. Valentin en fit d'assez grandes. Toujours poussé par sa manie de changer des rêves en réalité, il en vint à faire les plus dangereux rêves. Il lui passait, je suppose, par la tête, de se rendre compte de ce que peut être la vie d'un tel qui a cent mille francs à manger par an. Voilà mon étourdi qui, toute une journée, n'en agissait ni plus ni moins que s'il eût été le personnage en question. Jugez où cela peut conduire avec un peu d'intelligence et de curiosité. Le raisonnement de Valentin sur sa manière de vivre était, du reste, assez plaisant.

---

1. Célèbre restaurant de fruits de mer situé au 59-61 de la rue Montorgueil et à l'angle de la rue Mandar (actuel 2ᵉ arrondissement de Paris).
2. Expression métaphorique qui désigne l'agitation, la vie tumultueuse de Valentin.

Il prétendait qu'à chaque créature vivante revient de droit une certaine somme de jouissance ; il comparait cette somme à une coupe pleine que les économes vident goutte à goutte, et qu'il buvait, lui, à grands traits. Je ne compte pas les jours, disait-il, mais les plaisirs ; et le jour où je dépense vingt-cinq louis [1], j'ai cent quatre-vingt-deux mille cinq cents livres de rentes [2].

Au milieu de toutes ces folies, Valentin avait dans le cœur un sentiment qui devait le préserver, c'était son affection pour sa mère. Sa mère, il est vrai, l'avait toujours gâté ; c'est un tort, dit-on, je n'en sais rien ; mais, en tout cas, c'est le meilleur et le plus naturel des torts. L'excellente femme qui avait donné la vie à Valentin fit tout au monde pour la lui rendre douce. Elle n'était pas riche, comme vous savez. Si tous les petits écus glissés en cachette dans la main de l'enfant chéri s'étaient trouvés tout à coup rassemblés, ils auraient pourtant fait une belle pile. Valentin, dans tous ses désordres, n'eut jamais d'autre frein que l'idée de ne pas rapporter un chagrin à sa mère ; mais cette idée le suivait partout. D'un autre côté, cette affection salutaire ouvrait son cœur à toutes les bonnes pensées, à tous les sentiments honnêtes. C'était pour lui la clef d'un monde qu'il n'eût peut-être pas compris sans cela. Je ne sais qui a dit le premier qu'un être aimé n'est jamais malheureux ; celui-là eût pu dire encore : « Qui aime sa mère n'est jamais méchant. » Quand Valentin regagnait le logis, après quelque folle équipée,

> Traînant l'aile et tirant le pié [3],

sa mère arrivait et le consolait. Qui pourrait compter les soins patients, les attentions en apparence faciles, les

---

1. Environ 2 000 euros.
2. La somme est colossale : cent quatre-vingt-deux mille cinq cents livres de rentes (c'est-à-dire environ 700 000 euros actuels) correspondent à un chiffre fabuleux, si l'on considère que la rente rapporte 5 % du capital.
3. Vers extrait des « Deux Pigeons » (*Fables*, IX, 2) de Jean de La Fontaine. Voir la Présentation, p. 30.

petites joies intérieures, par lesquels l'amitié se prouve en silence, et rend la vie douce et légère ! J'en veux citer un exemple en passant.

Un jour que l'étourdi garçon avait vidé sa bourse au jeu [1], il venait de rentrer de mauvaise humeur. Les coudes sur sa table, la tête dans ses mains, il se livrait à ses idées sombres. Sa mère entra, tenant un gros bouquet de roses dans un verre d'eau, qu'elle posa doucement sur la table à côté de lui. Il leva les yeux pour la remercier, et elle lui dit en souriant : « Il y en a pour quatre sous [2]. » Ce n'était pas cher, comme vous voyez ; cependant le bouquet était superbe. Valentin, resté seul, sentit le parfum frapper son cerveau excité. Je ne saurais vous dire quelle impression produisit sur lui une si douce jouissance, si facilement venue, si inopinément apportée ; il pensa à la somme qu'il avait perdue, il se demanda ce qu'en aurait pu faire la main maternelle qui le consolait à si bon marché. Son cœur gonflé se fondit en larmes, et il se souvint des plaisirs du pauvre qu'il venait d'oublier [3].

Ces plaisirs du pauvre lui devinrent chers à mesure qu'il les connut mieux. Il les aima parce qu'il aimait sa mère ; il regarda peu à peu autour de lui, et, ayant un

---

1. Musset était joueur et ce thème revient à plusieurs reprises dans son œuvre, y compris dans ses *Nouvelles* (*Frédéric et Bernerette*, *Le Fils du Titien*, *Croisilles*).

2. La somme est en effet dérisoire et correspond environ à un euro.

3. Selon Paul de Musset cet épisode est la transcription d'une situation vécue par Musset : « Les six premières pages des *Deux Maîtresses* traînaient sur la table de travail ; l'auteur indécis avait planté là Valentin pour aller chez son ami Tattet. Il y tomba dans une partie de bouillotte, perdit son argent, et revint plus soucieux à la maison se renfermer dans sa chambre. Le lendemain matin, il se boudait lui-même quand sa mère lui apporta un gros bouquet de roses dans un verre d'eau qu'elle posa devant lui en disant avec un sourire : "Il y en a pour quatre sous." Tandis que sa mère se retirait doucement, Alfred se sentit des larmes lui venir dans les yeux. "Ah ! s'écria-t-il, voilà du moins quelque chose de vrai ! Je ne crains pas de me tromper en racontant ce que j'éprouve." Il écrivit cette page sur les plaisirs du pauvre qui terminent le premier chapitre de sa *nouvelle*. » *Biographie d'Alfred de Musset*, *op. cit.*, p. 190-191.

peu essayé de tout, il se trouva capable de tout sentir. Est-ce un avantage ? Je n'en puis rien dire encore. Chance de jouissance, chance de souffrance.

J'aurai l'air de faire une plaisanterie si je vous dis qu'en avançant dans la vie, Valentin devint à la fois plus sage et plus fou ; c'est pourtant la vérité pure. Une double existence se développait en lui. Si son esprit avide l'entraînait, son cœur le retenait au logis. S'enfermait-il, décidé au repos, un orgue de Barbarie, jouant une valse, passait sous la fenêtre et dérangeait tout. Sortait-il alors, et, selon sa coutume, courait-il après les plaisirs, un mendiant rencontré en route, un mot touchant trouvé par hasard dans le fatras d'un drame à la mode, le rendaient pensif, et il retournait chez lui. Prenait-il la plume, et s'asseyait-il pour travailler, sa plume distraite esquissait sur les marges d'un dossier la silhouette d'une jolie femme qu'il avait rencontrée au bal. Une bande joyeuse, réunie chez un ami, l'invitait-elle à souper, il tendait son verre en riant, et buvait une copieuse rasade ; puis il fouillait dans sa poche, voyait qu'il avait oublié sa clef, qu'il réveillerait sa mère en rentrant ; il s'esquivait et revenait respirer ses roses bien-aimées.

Tel était ce garçon, simple et écervelé, timide et fier, tendre et audacieux. La nature l'avait fait riche, et le hasard l'avait fait pauvre ; au lieu de choisir, il prit les deux partis. Tout ce qu'il y avait en lui de patience, de réflexion et de résignation, ne pouvait triompher de l'amour du plaisir, et ses plus grands moments de déraison ne pouvaient entamer son cœur. Il ne lutta ni contre son cœur, ni contre le plaisir qui l'attirait. Ce fut ainsi qu'il devint double et qu'il vécut en perpétuelle contradiction avec lui-même, comme je vous le montrais tout à l'heure. Mais c'est de la faiblesse, allez-vous dire. Eh ! mon Dieu, oui ; ce n'est pas là un Romain, mais nous ne sommes pas ici à Rome.

Nous sommes à Paris, madame, et il est question de deux amours. Heureusement pour vous, le portrait de

mes héroïnes sera plus vite fait que celui de mon héros.
Tournez la page, elles vont entrer en scène.

II

Je vous ai dit que, de ces deux dames, l'une était riche
et l'autre pauvre. Vous devinez déjà par quelle raison
elles plurent toutes deux à Valentin. Je crois vous avoir
dit aussi que l'une était mariée et l'autre veuve. La marquise de Parnes (c'est la mariée) était fille et femme de
marquis. Ce qui vaut mieux, elle était fort riche ; ce qui
vaut mieux encore, elle était fort libre, son mari étant en
Hollande pour affaires. Elle n'avait pas vingt-cinq ans,
elle se trouvait reine d'un petit royaume au fond de la
Chaussée d'Antin[1]. Ce royaume consistait en un petit
hôtel, bâti avec un goût parfait entre une grande cour et
un beau jardin. C'était la dernière folie[2] du défunt beau-
père, grand seigneur un peu libertin, et la maison, à dire
vrai, se ressentait des goûts de son ancien maître ; elle
ressemblait plutôt à ce qu'on appelait jadis une *maison à
parties*[3] qu'à la retraite d'une jeune femme condamnée
au repos par l'absence de l'époux. Un pavillon rond,
séparé de l'hôtel, occupait le milieu du jardin. Ce
pavillon, qui n'avait qu'un rez-de-chaussée, n'avait aussi

---

1. La Chaussée d'Antin se situe dans les quartiers aisés et élégants
de la capitale. Dans l'imaginaire romantique et dans la géographie de
Musset, elle constitue à la fois un territoire où règne une élégance
« Ancien Régime » et un espace de plaisirs raffinés. C'est dans ce quartier que vit celle que Musset nomme sa « Marraine », Caroline Jaubert.
2. Le terme désigne une maison de plaisance qui a coûté de folles
dépenses, d'où son nom (voir l'ouvrage de Valentina Ponzetto, *Musset,
ou la Nostalgie libertine, op. cit.*, p. 86 *sq.*).
3. Pavillon conçu pour les plaisirs. Dans la littérature du
XVIIIe siècle, l'expression est souvent en italique : c'est un élément de
connivence avec le lecteur qui comprend le lexique de la bonne
compagnie.

qu'une seule pièce, et n'était qu'un immense boudoir meublé avec un luxe raffiné[1]. Madame de Parnes, qui habitait l'hôtel et passait pour fort sage, n'allait point, disait-on, au pavillon. On y voyait pourtant quelquefois de la lumière. Compagnie excellente, dîners à l'avenant, fringants équipages, nombreux domestiques, en un mot, grand bruit de bon ton, voilà la maison de la marquise ! D'ailleurs, une éducation achevée lui avait donné mille talents ; avec tout ce qu'il faut pour plaire sans esprit, elle trouvait moyen d'en avoir ; une indispensable tante la menait partout ; quand on parlait de son mari, elle disait qu'il allait revenir ; personne ne pensait à médire d'elle.

Madame Delaunay (c'est la veuve) avait perdu son mari fort jeune ; elle vivait avec sa mère d'une modique pension obtenue à grand-peine, et à grand-peine suffisante. C'était à un troisième étage qu'il fallait monter, rue du Plat-d'Étain[2], pour la trouver brodant à sa fenêtre ; c'était tout ce qu'elle savait faire ; son éducation, vous le voyez, avait été fort négligée. Un petit salon était tout son domaine ; à l'heure du dîner, on y roulait la table de noyer, reléguée durant le jour dans l'antichambre. Le soir, une armoire à alcôve s'ouvrait, contenant deux lits. Du reste, une propreté soigneuse entretenait le modeste ameublement. Au milieu de tout cela, madame Delaunay aimait le monde. Quelques anciens amis de son mari donnaient de petites soirées où

---

1. L'architecture du pavillon décrit un lieu propice au libertinage. Le boudoir, espace emblématique des romans libertins, désigne étymologiquement le lieu où l'on boude, c'est-à-dire une pièce intime aux dimensions réduites où l'on se retire pour être seul. Dans la littérature du XVIIIe siècle, le terme prend une connotation plus érotique, comme le suggère Michel Delon dans son ouvrage *L'Invention du boudoir*, Paris, Zulma, 1999.

2. Située dans l'actuel 1er arrondissement de Paris, la rue du Plat-d'Étain débouche sur la rue de Rivoli. Dans la première moitié du XIXe siècle, ce quartier était occupé par une population assez hétérogène, de la moyenne bourgeoisie aux classes populaires.

elle allait, parée d'une fraîche robe d'organdi [1]. Comme les gens sans fortune n'ont pas de saison, ces petites fêtes duraient toute l'année. Être pauvre, jeune, belle et honnête, ce n'est pas un mérite si rare qu'on le dit, mais c'est un mérite.

Quand je vous ai annoncé que mon Valentin aimait ces deux femmes, je n'ai pas prétendu déclarer qu'il les aimât également toutes deux. Je pourrais me tirer d'affaire en vous disant qu'il aimait l'une et désirait l'autre, mais je ne veux point chercher ces finesses, qui, après tout, ne signifieraient rien, sinon qu'il les désirait toutes deux. J'aime mieux vous raconter simplement ce qui se passait dans son cœur.

Ce qui le fit d'abord aller souvent dans ces deux maisons, ce fut un assez vilain motif, l'absence de maris dans l'une et dans l'autre. Il n'est que trop vrai qu'une apparence de facilité, quand bien même elle n'est qu'une apparence, séduit les jeunes têtes. Valentin était reçu chez madame de Parnes, parce qu'elle voyait beaucoup de monde, sans autre raison ; un ami l'avait présenté. Pour aller chez madame Delaunay, qui ne recevait personne, ce n'avait pas été si aisé. Il l'avait rencontrée à l'une de ces petites soirées dont je vous parlais tout à l'heure, car Valentin allait un peu partout ; il avait donc vu madame Delaunay, l'avait remarquée, l'avait fait danser, enfin, un beau jour, avait trouvé moyen de lui porter un livre nouveau qu'elle désirait lire. La première visite une fois faite, on revient sans motif, et au bout de trois mois on est de la maison ; ainsi vont les choses. Tel qui s'étonne de la présence d'un jeune homme dans une famille que personne n'aborde, serait quelquefois bien plus étonné d'apprendre sur quel frivole prétexte il y est entré.

Vous vous étonnerez peut-être, madame, de la manière dont se prit le cœur de Valentin. Ce fut, pour ainsi dire, l'ouvrage du hasard. Il avait, durant un hiver, vécu, selon

---

1. Tissu de coton apprêté et imprimé, proche de la mousseline mais plus rigide.

sa coutume, assez follement, mais assez gaiement. L'été venu, comme la cigale, il se trouva au dépourvu[1]. Les uns partaient pour la campagne, les autres allaient en Angleterre ou aux eaux[2] : il y a de ces années de désertion où tout ce qu'on a d'amis disparaît ; une bouffée de vent les emporte, et on reste seul tout d'un coup. Si Valentin eût été plus sage, il aurait fait comme les autres, et serait parti de son côté ; mais les plaisirs avaient été chers, et sa bourse vide le retenait à Paris. Regrettant son imprévoyance, aussi triste qu'on peut l'être à vingt-cinq ans, il songeait à passer l'été, et à faire, non de nécessité vertu, mais de nécessité plaisir, s'il se pouvait. Sorti un matin par une de ces belles journées où tout ce qui est jeune sort sans savoir pourquoi, il ne trouva, en y réfléchissant, que deux endroits où il pût aller, chez madame de Parnes ou chez madame Delaunay. Il fut chez toutes deux le jour même, et, ayant agi ainsi en gourmand, il se trouva désœuvré le lendemain. Ne pouvant recommencer ses visites avant quelques jours, il se demanda quel jour il le pourrait ; après quoi, involontairement, il repassa dans sa tête ce qu'il avait dit et entendu durant ces deux heures devenues précieuses pour lui.

La ressemblance dont je vous ai parlé, et qui ne l'avait pas jusqu'alors frappé, le fit sourire d'abord. Il lui parut étrange que deux jeunes femmes dans des positions si diverses, et dont l'une ignorait l'existence de l'autre, eussent l'air d'être les deux sœurs. Il compara dans sa mémoire leurs traits, leur taille et leur esprit ; chacune des deux lui fit tour à tour moins aimer ou mieux goûter l'autre. Madame de Parnes était coquette, vive, minaudière

---

1. Amusant renversement de saison par rapport à la fable de La Fontaine. On sait en effet que la fameuse cigale « Se trouva fort dépourvue/ Quand la bise fut venue [...] », c'est-à-dire à l'entrée dans l'hiver et non pendant l'été.
2. La récente mode des cures thermales avait suscité un grand engouement parmi les classes les plus aisées. Musset lui-même s'est rendu à Baden, ville d'eaux, à plusieurs reprises (voir Frank Lestringant, *Alfred de Musset, op. cit.*).

et enjouée ; madame Delaunay était aussi tout cela, mais pas tous les jours, au bal seulement, et à un degré, pour ainsi dire, plus tiède. La pauvreté sans doute en était cause. Cependant les yeux de la veuve brillaient parfois d'une flamme ardente qui semblait se concentrer dans le repos, tandis que le regard de la marquise ressemblait à une étincelle brillante, mais fugitive. C'est bien la même femme, se disait Valentin ; c'est le même feu, voltigeant là sur un foyer joyeux, ici couvert de cendres. Peu à peu il vint aux détails ; il pensa aux blanches mains de l'une effleurant son clavier d'ivoire, aux mains un peu maigres de l'autre tombant de fatigue sur ses genoux. Il pensa au pied, et il trouva bizarre que la plus pauvre fût la mieux chaussée [1] : elle faisait ses guêtres elle-même. Il vit la dame de la Chaussée d'Antin, étendue sur sa chaise longue, respirant la fraîcheur, les bras nus dès le matin. Il se demandait si madame Delaunay avait d'aussi beaux bras sous ses manches d'indienne [2], et je ne sais pourquoi il tressaillit à l'idée de voir madame Delaunay les bras nus ; puis il pensa aux belles touffes de cheveux noirs de madame de Parnes, et à l'aiguille à tricoter que madame Delaunay plantait dans sa natte en causant. Il prit un crayon et chercha à retracer sur le papier la double image qui l'occupait. À force d'effacer et de tâtonner, il arriva à l'une de ces ressemblances lointaines dont la fantaisie se contente quelquefois plutôt que d'un portrait trop vrai. Dès qu'il eut obtenu cette esquisse, il s'arrêta ; à laquelle des deux ressemblait-elle davantage ? Il ne pouvait lui-même en décider ; ce fut tantôt à l'une et tantôt à l'autre, selon le caprice de sa rêverie. « Que de mystères dans le destin ! se disait-il ; qui sait, malgré les apparences, laquelle de ces deux femmes est la plus heureuse ? Est-ce la plus riche ou la plus belle ? Est-ce celle qui sera la plus aimée ? Non, c'est celle qui aimera le mieux. Que

---

1. Dans le code libertin, le pied est connoté de manière érotique, surtout quand il est petit et bien chaussé.
2. Étoffe de coton imprimé, de moyenne qualité.

feraient-elles, si demain matin elles s'éveillaient l'une à la place de l'autre ? » Valentin se souvint du dormeur éveillé, et, sans s'apercevoir qu'il rêvait lui-même en plein jour, il fit mille châteaux en Espagne. Il se promit d'aller, dès le lendemain, faire ses deux visites, et d'emporter son esquisse pour en voir les défauts ; en même temps il ajoutait un coup de crayon, une boucle de cheveux, un pli à la robe ; les yeux étaient plus grands, le contour plus délicat. Il pensa de nouveau au pied, puis à la main, puis aux bras blancs ; il pensa encore à mille autres choses : enfin il devint amoureux.

III

Devenir amoureux n'est pas le difficile, c'est de savoir dire qu'on l'est. Valentin, muni de son esquisse, sortit de bonne heure le lendemain. Il commença par la marquise. Un heureux hasard, plus rare que l'on ne pense, voulut qu'il la trouvât ce jour-là telle qu'il l'avait rêvée la veille. On était alors au mois de juillet. Sur un banc de bois, garni de frais coussins, sous un beau chèvrefeuille en fleur, les bras nus, vêtue d'un peignoir, ainsi pouvait paraître une nymphe aux yeux d'un berger de Virgile [1] ; ainsi parut aux yeux du jeune homme la blanche Isabelle, marquise de Parnes. Elle le salua d'un de ces doux sourires qui coûtent si peu quand on a de belles dents, et lui montra assez nonchalamment un tabouret fort éloigné d'elle. Au lieu de s'asseoir sur ce tabouret, il le prit pour se rapprocher ; et, comme il cherchait où se mettre : « Où allez-vous donc ? » demanda la marquise.

---

1. Plusieurs épisodes des *Bucoliques* et des *Géorgiques* de Virgile (70-19 av. J.-C.) mettent en scène des bergers et des nymphes. Musset, bon latiniste, connaissait très bien la production littéraire de l'Antiquité gréco-romaine.

Valentin pensa que sa tête s'était échauffée outre mesure, et que la réalité indocile allait moins vite que le désir. Il s'arrêta, et, replaçant le tabouret un peu plus loin encore qu'il n'était d'abord, s'assit ne sachant trop quoi dire. Il faut savoir qu'un grand laquais, à mine insolente et rébarbative, était debout devant la marquise, et lui présentait une tasse de chocolat brûlant qu'elle se mit à avaler à petites gorgées. La présence de ce tiers, l'extrême attention que mettait la dame à ne pas se brûler les lèvres, le peu de souci qu'en revanche elle prenait du visiteur, n'étaient pas faits pour encourager. Valentin tira gravement l'esquisse qu'il avait dans sa poche, et, fixant ses yeux sur madame de Parnes, il examina alternativement l'original et la copie. Elle lui demanda ce qu'il faisait. Il se leva, lui donna son dessin, puis se rassit sans en dire davantage. Au premier coup d'œil, la marquise fronça le sourcil, comme lorsqu'on cherche une ressemblance, puis elle se pencha de côté, comme on fait lorsqu'on l'a trouvée. Elle avala le reste de sa tasse, le laquais s'en fut, et les belles dents reparurent avec le sourire.

– C'est mieux que moi, dit-elle enfin ; vous avez fait cela de mémoire ? Comment vous y êtes-vous pris ?

Valentin répondit qu'un si beau visage n'avait pas besoin de poser pour qu'on pût le copier, et qu'il l'avait trouvé dans son cœur. La marquise fit un léger salut, et Valentin approcha son tabouret.

Tout en causant de choses indifférentes, madame de Parnes regardait le dessin.

– Je trouve, dit-elle, qu'il y a dans ce portrait une physionomie qui n'est pas la mienne. On dirait que cela ressemble à quelqu'un qui me ressemble, mais que ce n'est pas moi qu'on a voulu faire.

Valentin rougit malgré lui, et crut sentir qu'au fond de l'âme il aimait madame Delaunay ; l'observation de la marquise lui en parut un témoignage. Il regarda de nouveau son dessin, puis la marquise, puis il pensa à la jeune veuve. Celle que j'aime, se dit-il, est celle à qui ce portrait ressemble le plus. Puisque mon cœur a guidé ma main, ma main m'expliquera mon cœur.

La conversation continua (il s'agissait, je crois, d'une course de chevaux qu'on avait faite au Champ-de-Mars la veille).

— Vous êtes à une lieue, dit madame de Parnes.

Valentin se leva, s'avança vers elle.

— Voilà un beau chèvrefeuille, dit-il en passant.

La marquise étendit le bras, cassa une petite branche en fleur et la lui offrit gracieusement.

— Tenez, dit-elle, prenez cela, et dites-moi si c'est vraiment moi dont vous avez cherché la ressemblance, ou si, en en peignant une autre, vous l'avez trouvée par hasard.

Par un petit mouvement de fatuité, Valentin, au lieu de prendre la branche, présenta en riant à la marquise la boutonnière de son habit, afin qu'elle y mît le bouquet elle-même ; pendant qu'elle s'y prêtait de bonne grâce, mais non sans quelque peine, il était debout, et regardait le pavillon dont je vous ai parlé, et dont une persienne était entrouverte. Vous vous souvenez que madame de Parnes passait pour n'y jamais aller. Elle affectait même quelque mépris pour ce boudoir galant et recherché, qu'elle trouvait de mauvaise compagnie. Valentin crut voir cependant que les fauteuils dorés et les tentures brillantes ne souffraient pas de la poussière. Au milieu de ces meubles à forme grecque, superbes et incommodes comme tout ce qui vient de l'empire, certaine chaise longue évidemment moderne lui parut se détacher dans l'ombre [1]. Le cœur lui battit, je ne sais pourquoi, en son-

---

1. Le mobilier décrit est de style Directoire et Empire ; la « chaise longue » pourrait être un « fauteuil Récamier », sorte de canapé de repos qui doit son nom à la célèbre madame Récamier (1777-1849). Un tableau peint par David intitulé *Madame Récamier* (1800) représente la jeune femme à demi allongée sur un sofa. Opposante au régime de Napoléon, principale figure des « Merveilleuses » du Directoire (1794-1799), elle fut également l'une des premières à meubler sa demeure en style « étrusque » et à introduire la mode grecque dans le mobilier et dans les vêtements.

geant que la belle marquise se servait quelquefois de son pavillon ; car pourquoi ce fauteuil eût-il été là, sinon pour aller s'y asseoir ? Valentin saisit une des blanches mains occupées à le décorer, et la porta doucement à ses lèvres ; ce qu'en pensa la marquise, je n'en sais rien. Valentin regarda la chaise longue ; madame de Parnes regardait le dessin de Valentin ; elle ne retirait pas sa main, et il la tenait entre les siennes. Un domestique parut sur le perron ; une visite arrivait. Valentin lâcha la main de la marquise, et (chose assez singulière) elle ferma brusquement la persienne.

La visite entrée, Valentin fut un peu embarrassé ; car il vit que la marquise cachait son esquisse, comme par mégarde, en jetant son mouchoir dessus. Ce n'était pas là son compte : il prit le parti le plus court, il souleva le mouchoir et s'empara du papier ; madame de Parnes fit un léger signe d'étonnement.

— Je veux y retoucher, lui dit-il tout haut ; permettez-moi d'emporter cela.

Elle n'insista pas, et il s'en fut avec.

Il trouva madame Delaunay qui faisait de la tapisserie ; sa mère était assise près d'elle. La pauvre femme, pour tout jardin, avait quelques fleurs sur sa croisée. Son costume, toujours le même, était de couleur sombre, car elle n'avait pas de robe de matin ; tout superflu est signe de richesse. Une velléité de fausse élégance lui faisait porter cependant des boucles d'oreilles de mauvais goût et une chaîne de chrysocale [1]. Ajoutez à cela des cheveux en désordre et l'apparence d'une fatigue habituelle ; vous conviendrez que le premier coup d'œil ne lui rendait pas, en ce moment, la comparaison favorable.

Valentin n'osa pas, en présence de la mère, montrer le dessin qu'il apportait. Mais, lorsque trois heures sonnèrent, la vieille dame, qui n'avait pas de servante, sortit pour préparer son dîner. C'était l'instant qu'attendait le

---

1. Alliage de métaux (cuivre et zinc) qui imite l'or. Le terme apparaît en 1823.

jeune homme. Il tira donc de nouveau son portrait, et tenta sa seconde épreuve. La veuve n'avait pas grande finesse, elle ne se reconnut pas, et Valentin, un peu confus, se vit obligé de lui expliquer que c'était elle qu'il avait voulu faire. Elle en parut d'abord étonnée, puis enchantée et, croyant simplement que c'était un cadeau que Valentin lui offrait, elle alla décrocher un petit cadre en bois blanc à la cheminée, en ôta un affreux portrait de Napoléon qui y jaunissait depuis 1810, et se disposa à y mettre le sien.

Valentin commença par la laisser faire ; il ne pouvait se résoudre à gâter ce mouvement de joie naïve. Cependant l'idée que madame de Parnes lui redemanderait sans doute son dessin le chagrinait visiblement ; madame Delaunay, qui s'en aperçut, crut avoir commis une indiscrétion ; elle s'arrêta embarrassée, tenant son cadre et ne sachant qu'en faire. Valentin, qui, de son côté, sentait qu'il avait fait une sottise en montrant ce portrait qu'il ne voulait pas donner, cherchait en vain à sortir d'embarras. Après quelques instants de gêne et d'hésitation, le cadre et le papier restèrent sur la table, à côté du Napoléon détrôné, et madame Delaunay reprit son ouvrage.

— Je voudrais, dit enfin Valentin, qu'avant de vous laisser cette petite ébauche, il me fût permis d'en faire une copie.

— Je crois que je ne suis qu'une étourdie, répondit la veuve. Gardez ce dessin qui vous appartient, si vous y attachez quelque prix. Je ne suppose pourtant pas que votre intention soit de le mettre dans votre chambre, ni de le montrer à vos amis.

— Certainement non ; mais c'est pour moi que je l'ai fait, et je ne voudrais pas le perdre entièrement.

— À quoi pourra-t-il vous servir, puisque vous m'assurez que vous ne le montrerez pas ?

— Il me servira à vous voir, madame, et à parler quelquefois à votre image de ce que je n'ose vous dire à vous-même.

Quoique cette phrase, à la rigueur, ne fût qu'une galanterie, le ton dont elle était prononcée fit lever les yeux à
la veuve. Elle jeta sur le jeune homme un regard, non pas
sévère, mais sérieux ; ce regard troubla Valentin, déjà
ému de ses propres paroles ; il roula l'esquisse et allait la
remettre dans sa poche, quand madame Delaunay se leva
et la lui prit des mains d'un air de raillerie timide. Il se
mit à rire, et à son tour s'empara lestement du papier.

— Et de quel droit, madame, m'ôteriez-vous ma pro-
priété ? Est-ce que cela ne m'appartient pas ?

— Non, dit-elle assez sèchement ; personne n'a le droit
de faire un portrait sans le consentement du modèle.

Elle s'était rassise à ce mot, et Valentin, la voyant un
peu agitée, s'approcha d'elle et se sentit plus hardi. Soit
repentir d'avoir laissé voir le plaisir qu'elle avait d'abord
ressenti, soit désappointement, soit impatience, madame
Delaunay avait la main tremblante. Valentin, qui venait
de baiser celle de madame de Parnes, et qui ne l'avait pas
fait trembler pour cela, prit, sans autre réflexion, celle de
la veuve. Elle le regarda d'un air stupéfait, car c'était la
première fois qu'il arrivait à Valentin d'être si familier
avec elle. Mais, quand elle le vit s'incliner et approcher
ses lèvres de sa main, elle se leva, lui laissa prendre sans
résistance un long baiser sur sa mitaine, et lui dit avec
une extrême douceur :

— Mon cher monsieur, ma mère a besoin de moi ; je
suis fâchée de vous quitter.

Elle le laissa seul sur ce compliment, sans lui donner
le temps de la retenir et sans attendre sa réponse. Il se
sentit fort inquiet, il eut peur de l'avoir blessée ; il ne
pouvait se décider à s'en aller, et restait debout, attendant
qu'elle revînt. Ce fut la mère qui reparut, et il craignit en
la voyant, que son imprudence ne lui coûtât cher ; il n'en
fut rien : la bonne dame de l'air le plus riant, venait lui
tenir compagnie pendant que sa fille repassait sa robe
pour aller le soir à son petit bal. Il voulut attendre encore
quelque temps, espérant toujours que la belle boudeuse
allait pardonner ; mais la robe était, à ce qu'il paraît, fort

ample, le temps de se retirer arriva, et il fallut partir sans connaître son sort.

Rentré chez lui, notre étourdi ne se trouva pourtant pas trop mécontent de sa journée. Il repassa peu à peu dans sa tête toutes les circonstances de ces deux visites ; comme un chasseur qui a lancé le cerf et qui calcule ses embuscades, ainsi l'amoureux calcule ses chances et raisonne sa fantaisie. La modestie n'était pas le défaut de Valentin. Il commença par convenir avec lui-même que la marquise lui appartenait. En effet, il n'y avait eu de la part de madame de Parnes ombre de sévérité ni de résistance. Il fit cependant réflexion que, par cette raison même, il pouvait bien n'y avoir eu qu'une ombre légère de coquetterie. Il y a de très belles dames de par le monde qui se laissent baiser la main, comme le pape laisse baiser sa mule : c'est une formalité charitable ; tant mieux pour ceux qu'elle mène en paradis. Valentin se dit que la pruderie de la veuve promettait peut-être plus, au fond, que le laisser-aller de la marquise. Madame Delaunay, après tout, n'avait pas été bien rigide. Elle avait doucement retiré sa main, et s'en était allée repasser sa robe. En pensant à cette robe, Valentin pensa au petit bal : c'était le soir même ; il se promit d'y aller.

Tout en se promenant par la chambre, et tout en faisant sa toilette, son imagination s'exaltait. C'était la veuve qu'il allait voir, c'était à elle qu'il songeait. Il vit sur la table un petit portefeuille assez laid, qu'il avait gagné dans une loterie. Sur la couverture de ce portefeuille était un méchant paysage à l'aquarelle, sous verre, et assez bien monté. Il remplaça adroitement ce paysage par le portrait de madame de Parnes ; je me trompe, je veux dire de madame Delaunay. Cela fait, il mit ce portefeuille en poche, se promettant de le tirer à propos, et de le faire voir à sa future conquête. « Que dira-t-elle ? se demanda-t-il, et que répondrai-je ? », se demanda-t-il encore. Tout en ruminant entre ses dents quelques-unes de ces phrases préparées d'avance qu'on apprend par cœur et qu'on ne dit jamais, il lui vint l'idée beaucoup plus simple d'écrire une déclaration en forme, et de la donner à la veuve.

Le voilà écrivant ; quatre pages se remplissent. Tout le monde sait combien le cœur s'émeut durant ces instants où l'on cède à la tentation de fixer sur le papier un sentiment peut-être fugitif ; il est doux, il est dangereux, madame, d'oser dire qu'on aime. La première page qu'écrivit Valentin était un peu froide et beaucoup trop lisible. Les virgules s'y trouvaient à leur place, les alinéas bien marqués, toutes choses qui prouvent peu d'amour. La seconde page était déjà moins correcte ; les lignes se pressaient à la troisième, et la quatrième, il faut en convenir, était pleine de fautes d'orthographe.

Comment vous dire l'étrange pensée qui s'empara de Valentin, tandis qu'il cachetait sa lettre ? C'était pour la veuve qu'il l'avait écrite, c'était à elle qu'il parlait de son amour, de son baiser du matin, de ses craintes et de ses désirs ; au moment d'y mettre l'adresse, il s'aperçut, en se relisant, qu'aucun détail particulier ne se trouvait dans cette lettre, et il ne put s'empêcher de sourire à l'idée de l'envoyer à madame de Parnes. Peut-être y eut-il, à son insu, un motif caché qui le porta à exécuter cette idée bizarre. Il se sentait, au fond du cœur, incapable d'écrire une pareille lettre pour la marquise, et son cœur lui disait en même temps que, lorsqu'il voudrait, il en pourrait récrire une autre à madame Delaunay. Il profita donc de l'occasion, et envoya, sans plus tarder, la déclaration faite pour la veuve à l'hôtel de la Chaussée d'Antin.

IV

C'était chez un ancien notaire, nommé M. des Andelys, qu'avait lieu la petite réunion où Valentin devait rencontrer madame Delaunay. Il l'y trouva, comme il l'espérait, plus belle et plus coquette que jamais. Malgré la chaîne et les boucles d'oreilles, sa toilette était presque simple ; un seul nœud de ruban de couleur changeante accompagnait son joli visage, et un autre de pareille nuance serrait sa taille souple et mignonne. J'ai dit qu'elle était fort petite, brune, et qu'elle avait de grands yeux ; elle était aussi un peu maigre, et différait en cela de madame de Parnes, dont l'embonpoint montrait les plus belles formes enveloppées d'un réseau d'albâtre. Pour me servir d'une expression d'atelier, qui rendra ici ma pensée, l'ensemble de madame Delaunay était *bien fondu* [1], c'est-à-dire que rien ne tranchait en elle : ses cheveux n'étaient pas très noirs, et son teint n'était pas très blanc ; elle avait l'air d'une petite créole. Madame de Parnes, au contraire, était comme peinte : une légère pourpre colorait ses joues et ravivait ses yeux étincelants ; rien n'était plus admirable que ses épais cheveux noirs couronnant ses belles épaules. Mais je vois que je fais comme mon héros ; je pense à l'une quand il faut parler de l'autre ; souvenons-nous que la marquise n'allait point à des soirées de notaire.

Quand Valentin pria la veuve de lui accorder une contredanse, un *je suis engagée* bien sec fut toute la réponse qu'il obtint. Notre étourdi, qui s'y attendait, feignit de ne pas avoir entendu, et répondit : « Je vous remercie. » Il fit quelques pas là-dessus, et madame Delaunay courut après lui pour lui dire qu'il se trompait. « En ce cas, demanda-t-il aussitôt, quelle contredanse me donnerez-vous ? » Elle rougit, et n'osant refuser, feuilletait un petit livret de bal où ses danseurs étaient inscrits : « Ce livret me trompe, dit-elle en hésitant ; il y a quantité de noms que je n'ai pas encore effacés, et qui me troublent la mémoire. » C'était bien le cas de tirer le portefeuille à portrait ; Valentin n'y manqua pas : « Tenez, dit-il, écrivez mon nom sur la première page de cet album. Il me sera plus cher encore. »

---

1. Expression empruntée au domaine de la peinture. Elle désigne ici l'harmonie entre le teint, les traits du visage et la chevelure.

Madame Delaunay se reconnut cette fois ; elle prit le portefeuille, regarda son portrait, et écrivit à la première page le nom de Valentin ; après quoi, en lui rendant le portefeuille, elle lui dit assez tristement : « Il faut que je vous parle, j'ai deux mots nécessaires à vous dire ; mais je ne puis pas danser avec vous. »

Elle passa alors dans une chambre voisine où l'on jouait, et Valentin la suivit. Elle paraissait excessivement embarrassée. « Ce que j'ai à vous demander, dit-elle, va peut-être vous sembler très ridicule, et je sens moi-même que vous aurez raison de le trouver ainsi. Vous m'avez fait une visite ce matin, et vous m'avez... pris la main, ajouta-t-elle timidement. Je ne suis ni assez enfant, ni assez sotte pour ignorer que si peu de chose ne fâche personne et ne signifie rien. Dans le grand monde, dans celui où vous vivez, ce n'est qu'une simple politesse ; cependant nous nous trouvions seuls, et vous n'arriviez ni ne partiez ; vous conviendrez, ou, pour mieux dire, vous comprendrez peut-être par amitié pour moi... »

Elle s'arrêta, moitié par crainte, et moitié par ennui de l'effort qu'elle faisait. Valentin, à qui ce préambule causait une frayeur mortelle, attendait qu'elle continuât, lorsqu'une idée subite lui traversa l'esprit. Il ne réfléchit pas à ce qu'il faisait, et, cédant à un premier mouvement, il s'écria :

— Votre mère l'a vu !

— Non, répondit la veuve avec dignité ; non, monsieur, ma mère n'a rien vu.

Comme elle achevait ces mots, la contredanse commença, son danseur vint la chercher, et elle disparut dans la foule.

Valentin attendit impatiemment, comme vous pouvez croire, que la contredanse fût finie. Ce moment désiré arriva enfin ; mais madame Delaunay retourna à sa place, et, quoi qu'il fît pour l'approcher, il ne put lui parler. Elle ne semblait pas hésiter sur ce qui lui restait à dire, mais penser comment elle le dirait. Valentin se faisait mille questions qui toutes aboutissaient au même résultat : « Elle veut me prier de ne plus revenir chez elle. » Une pareille défense, cependant, sur un aussi léger prétexte, le révoltait. Il y trouvait plus que du ridicule ; il y voyait ou une sévérité déplacée, ou une fausse vertu prompte à se faire valoir. « C'est une bégueule ou une coquette », se dit-il. Voilà, madame, comme on juge à vingt-cinq ans.

Madame Delaunay comprenait parfaitement ce qui se passait dans la tête du jeune homme. Elle l'avait bien un peu prévu ; mais, en le voyant, elle perdait courage. Son intention n'était pas tout à fait de défendre sa porte à Valentin ; mais, tout en n'ayant guère d'esprit, elle avait beaucoup de cœur, et elle avait vu clairement, le matin, qu'il ne s'agissait pas d'une plaisanterie, et qu'elle allait être attaquée. Les femmes ont un certain tact qui les avertit de l'approche du combat. La plupart d'entre elles s'y exposent ou parce qu'elles se sentent sur leurs gardes, ou parce qu'elles prennent plaisir au danger. Les escarmouches amoureuses sont le passe-temps des belles oisives. Elles savent se défendre, et ont, quand elles veulent, l'occasion de se distraire. Mais madame Delaunay était trop occupée, trop sédentaire, elle voyait trop peu de monde, elle travaillait trop aux ouvrages d'aiguille qui laissent rêver et font quelquefois rêver ; elle était trop pauvre, en un mot, pour se laisser baiser la main. Non pas qu'aujourd'hui elle se crût en péril ; mais qu'allait-il arriver demain, si Valentin lui parlait d'amour, et si, après-demain, elle lui fermait sa maison, et si, le jour suivant, elle s'en repentait ? L'ouvrage irait-il pendant ce temps-là ? Y aurait-il le soir le nombre de points voulu ? (Je vous expliquerai ceci plus tard.) Mais qu'allait-on dire, en tout cas ? Une femme qui vit presque seule est bien plus exposée qu'une autre. Ne doit-elle pas être plus sévère ? Madame Delaunay se disait qu'au risque d'être ridicule il fallait éloigner Valentin avant que son repos ne fût troublé. Elle voulait donc parler, mais elle était femme, et il était là ; le *droit de présence* est le plus fort de tous, et le plus difficile à combattre.

Dans un moment où tous les motifs que je viens d'indiquer brièvement se représentaient à elle avec force, elle se leva. Valentin était en face d'elle, et leurs regards se rencontrèrent ; depuis une heure, le jeune homme réfléchissait, seul, à l'écart, et lisait aussi de son côté dans les grands yeux de madame Delaunay chaque pensée qui l'agitait. À sa première impatience avait succédé la tristesse. Il se demandait si, en effet, c'était là une prude ou une coquette ; et, plus il cherchait dans ses souvenirs, plus il examinait le visage timide et pensif qu'il avait devant lui, plus il se sentait saisi d'un certain respect. Il se disait que son étourderie était peut-être plus grave qu'il ne l'avait cru. Quand madame Delaunay vint à lui, il savait ce qu'elle allait lui demander. Il voulait lui en éviter la peine ; mais il la trouva trop belle et trop émue, et il aima mieux la laisser parler.

Ce ne fut pas sans trouble qu'elle s'y décida, et qu'elle en vint à tout expliquer. La fierté féminine, en cette circonstance, avait une rude atteinte à subir. Il fallait avouer qu'on était sensible, et cependant ne pas le laisser voir ; il fallait dire qu'on avait tout compris, et cependant paraître ne rien comprendre. Il fallait dire enfin qu'on avait peur, dernier mot que prononce une femme ; et la cause de cette crainte était si légère ! Dès ses premières paroles, madame Delaunay sentit qu'il n'y avait pour elle qu'un moyen de n'être ni faible, ni prude, ni coquette, ni ridicule ; c'était d'être vraie. Elle parla donc, et tout son discours pouvait se réduire à cette phrase : « Éloignez-vous ; j'ai peur de vous aimer. »

Quand elle se tut, Valentin la regarda à la fois avec étonnement, avec chagrin et avec un inexprimable plaisir. Je ne sais quel orgueil le saisissait ; il y a toujours de la joie à se sentir battre le cœur. Il ouvrait les lèvres pour répondre, et cent réponses lui venaient en même temps ; il s'enivrait de son émotion et de la présence d'une femme qui osait lui parler ainsi. Il voulait lui dire qu'il l'aimait, il voulait lui promettre de lui obéir, il voulait lui jurer de ne la jamais quitter, il voulait la remercier de son

bonheur, il voulait lui parler de sa peine ; enfin mille
idées contradictoires, mille tourments et mille délices lui
traversaient l'esprit, et, au milieu de tout cela, il était sur
le point de s'écrier malgré lui : « Mais vous m'aimez ! »

Pendant toutes ces hésitations, on dansait un galop [1]
dans le salon : c'était la mode en 1825 ; quelques groupes
s'étaient lancés et faisaient le tour de l'appartement ; la
veuve se leva ; elle attendait toujours la réponse du jeune
homme. Une singulière tentation s'empara de lui, en
voyant passer la joyeuse promenade : « Eh bien ! oui, dit-
il, je vous le jure, vous me voyez pour la dernière fois. »
En parlant ainsi, il entoura de son bras la taille de
madame Delaunay. Ses yeux semblaient dire : « Cette fois
encore, soyons amis, imitons-les. » Elle se laissa entraîner
en silence, et bientôt, comme deux oiseaux, ils s'envo-
lèrent au bruit de la musique.

Il était tard, et le salon était presque vide ; les tables
de jeu étaient encore garnies ; mais il faut savoir que la
salle à manger du notaire faisait un retour sur l'appartement, et qu'elle se trouvait alors complètement déserte.
Les galopeurs n'allaient pas plus loin ; ils tournaient
autour de la table, puis revenaient au salon. Il arriva que,
lorsque Valentin et madame Delaunay passèrent à leur
tour dans cette salle à manger, aucun danseur ne les suivait ; ils se trouvèrent donc tout à coup seuls au milieu
du bal ; un regard rapide, jeté en arrière, convainquit
Valentin qu'aucune glace, aucune porte ne pouvait le
trahir ; il serra la jeune veuve sur son cœur, et, sans lui
dire une parole, posa ses lèvres sur son épaule nue.

Le moindre cri échappé à madame Delaunay aurait
causé un affreux scandale. Heureusement pour l'étourdi,
sa danseuse se montra prudente ; mais elle ne put se

---

1. Danse à deux temps très rythmée qui rappelle le galop d'un
cheval. Elle fut introduite en France en 1827. Dans le compte rendu
qu'il consacre à *Gustave III, ou Un bal masqué d'Aubert* (livret de
Scribe) dans la *Revue des Deux Mondes* (1833), Musset décrit longue-
ment le galop du cinquième acte qui contribua pour beaucoup au
succès pérenne de cet opéra romantique.

montrer brave en même temps, et elle serait tombée, s'il
ne l'avait retenue. Il la retint donc et, en rentrant au
salon, elle s'arrêta, appuyée sur son bras, pouvant à
peine respirer. Que n'eût-il pas donné pour pouvoir
compter les battements de ce cœur tremblant ! Mais la
musique cessait, il fallut partir et, quoi qu'il pût dire à
madame Delaunay, elle ne voulut point lui répondre.

V

Notre héros ne s'était point trompé lorsqu'il avait
craint de compter trop vite sur l'indolence de la marquise. Il était encore, le lendemain, entre la veille et le
sommeil, lorsqu'on lui apporta un billet à peu près
conçu ainsi :

« Monsieur, je ne sais qui vous a donné le droit de
m'écrire dans de pareils termes. Si ce n'est pas une
méprise, c'est une gageure ou une impertinence. Dans
tous les cas, je vous renvoie votre lettre, qui ne peut pas
m'être adressée. »

Encore tout plein d'un souvenir plus vif, Valentin se
souvenait à peine de sa déclaration envoyée à madame
de Parnes. Il relut deux ou trois fois le billet avant d'en
comprendre clairement le sens. Il en fut d'abord assez
honteux, et cherchait vainement quelle réponse il pouvait
y faire. En se levant et en se frottant les yeux, ses idées
devinrent plus nettes. Il lui sembla que ce langage n'était
pas celui d'une femme offensée. Ce n'était pas ainsi que
s'était exprimée madame Delaunay. Il relut la lettre
qu'on lui renvoyait, il n'y trouva rien qui méritât tant de
colère ; cette lettre était passionnée, folle peut-être, mais
sincère et respectueuse. Il jeta le billet sur sa table et se
promit de n'y plus penser.

De pareilles promesses ne se tiennent guère ; il n'y
aurait peut-être plus pensé, en effet, si le billet, au lieu

d'être sévère, eût été tendre ou seulement poli ; car la soirée de la veille avait laissé dans l'âme du jeune homme une trace profonde. Mais la colère est contagieuse ; Valentin commença par essuyer son rasoir sur le billet de la marquise, puis il le déchira et le jeta à terre ; puis il brûla sa déclaration ; puis il s'habilla, et se promena à grands pas par la chambre ; puis il demanda à déjeuner, et ne put ni boire ni manger ; puis, enfin, il prit son chapeau, et s'en fut chez madame de Parnes.

On lui répondit qu'elle était sortie ; voulant savoir si c'était vrai, il répondit : « C'est bon, je le sais », – et traversa lestement la cour. Le portier courait après lui, lorsqu'il rencontra la femme de chambre. Il aborda celle-ci, la prit à l'écart, et sans autre préambule, lui mit un louis dans la main. Madame de Parnes était chez elle ; il fut convenu avec la servante que personne n'aurait vu Valentin, et qu'on l'aurait laissé passer par mégarde. Il entra là-dessus, traversa le salon, et trouva la marquise seule dans sa chambre à coucher.

Elle lui parut, s'il faut tout dire, beaucoup moins en colère que son billet. Elle lui fit pourtant, vous vous y attendez, des reproches de sa conduite, et lui demanda fort sèchement par quel hasard il entrait ainsi. Il répondit d'un air naturel qu'il n'avait point rencontré de domestique pour se faire annoncer, et qu'il venait offrir, en toute humilité, les très humbles excuses de sa conduite.

– Et quelles excuses en pouvez-vous donner ? demanda madame de Parnes.

Le mot de méprise qui se trouvait dans le billet revint par hasard à la mémoire de Valentin ; il lui sembla plaisant de prendre ce prétexte, et de dire ainsi la vérité. Il répondit donc que la lettre insolente dont se plaignait la marquise n'avait pas été écrite pour elle, et qu'elle lui avait été apportée par erreur. Persuader une pareille affaire n'était pas facile, comme bien vous pensez. Comment peut-on écrire un nom et une adresse par méprise ? Je ne me charge pas de vous expliquer par quelle raison madame de Parnes crut ou feignit de croire à ce que Valentin lui disait. Il lui raconta, du reste plus sincèrement qu'elle ne le pensait, qu'il était amoureux d'une jeune veuve, que cette veuve, par le hasard le plus singulier, ressemblait beaucoup à madame la marquise, qu'il la voyait souvent, qu'il l'avait vue la veille ; il dit, en un mot, tout ce qu'il pouvait dire, en retranchant le nom et quelques petits détails que vous devinerez.

Il n'est pas sans exemple qu'un amoureux novice se serve de fables de ce genre pour déguiser sa passion. Dire à une femme qu'on en aime une autre qui lui est semblable en tout point, c'est à la rigueur un moyen romanesque qui peut donner le droit de parler d'amour ; mais il faut, je crois, pour cela, que la personne auprès de laquelle on emploie de pareils stratagèmes y mette un peu de bonne volonté : fut-ce ainsi que la marquise l'entendit ? Je l'ignore. La vanité blessée plutôt que l'amour avait amené Valentin ; plutôt que l'amour, la vanité flattée apaisa madame de Parnes ; elle en vint même à faire au jeune homme quelques questions sur sa veuve ; elle s'étonnait de la ressemblance dont il lui parlait ; elle serait, disait-elle, curieuse d'en juger par ses yeux. Quel est son âge ? demandait-elle ; est-elle plus petite ou plus grande que moi ? a-t-elle de l'esprit ? où va-t-elle ? est-ce que je ne la connais pas ?

À toutes ces demandes, Valentin répondait, autant que possible, la vérité. Cette sincérité de sa part avait, à chaque mot, l'air d'une flatterie détournée. « Elle n'est ni plus grande ni plus petite que vous, disait-il ; elle a, comme vous, cette taille charmante, comme vous ce pied incomparable, comme vous ces beaux yeux pleins de feu. » La conversation, sur ce ton, ne déplaisait pas à la marquise. Tout en écoutant d'un air détaché, elle se mirait du coin de l'œil. À dire vrai, ce petit manège choquait horriblement Valentin. Il ne pouvait comprendre cette demi-vertu ni cette demi-hypocrisie d'une femme qui se fâchait d'une parole franche, et qui s'en laissait conter à travers une gaze [1]. En voyant les œillades que la marquise se renvoyait à elle-même dans la glace, il se sentait l'envie de lui tout dire, le nom, la rue, le baiser du bal, et de prendre ainsi sa revanche complète sur le billet qu'il avait reçu.

Une question de madame de Parnes soulagea la mauvaise humeur du jeune homme. Elle lui demanda d'un air railleur s'il ne pouvait du moins lui dire le nom de baptême de sa veuve. « Elle s'appelle Julie [2] », répliqua-t-il sur-le-champ. Il y avait, dans cette réponse, si peu d'hésitation et tant de netteté, que madame de Parnes en fut frappée. « C'est un assez joli nom », dit-elle, et la conversation tomba tout à coup.

Il arriva alors une chose peut-être difficile à expliquer et peut-être aisée à comprendre. Dès que la marquise crut sérieusement que cette déclaration qui l'avait choquée n'était réellement pas pour elle, elle en parut surprise et presque blessée. Soit que la légèreté de Valentin ici semblât trop forte, s'il en aimait une autre, soit qu'elle regrettât d'avoir montré de la colère mal à propos, elle devint rêveuse, et, ce qui est étrange, en même temps irritée et coquette. Elle voulut revenir sur son pardon, et, tout en cherchant querelle à Valentin, elle s'assit à sa toilette ; elle dénoua le ruban qui entourait son cou, puis le rattacha ; elle prit un peigne ; sa coiffure semblait lui déplaire ; elle refaisait une boucle d'un côté, en retranchait une de l'autre ; comme elle arrangeait son chignon, le peigne lui glissa des mains, et sa longue chevelure noire lui couvrit les épaules.

— Voulez-vous que je sonne ? demanda Valentin ; avez-vous besoin de votre femme de chambre ?

---

1. Le terme et l'image sont empruntés à l'univers libertin. On parle même de « langage gazé » pour désigner les expressions qu'emploient certains romanciers libertins, tels que Crébillon fils ou Laclos, pour décrire des situations équivoques.
2. Prénom dont Musset baptise plusieurs de ses personnages. On peut y lire le souvenir de *La Nouvelle Héloïse* de Rousseau, dont la jeune héroïne se prénomme également Julie.

– Ce n'est pas la peine, répondit la marquise, qui releva d'une main impatiente ses cheveux déroulés, et y enfonça son peigne. Je ne sais ce que font mes domestiques : il faut qu'ils soient tous sortis, car j'avais défendu ce matin qu'on ne laissât entrer personne.

– En ce cas, dit Valentin, j'ai commis une indiscrétion, et je me retire.

Il fit quelques pas vers la porte, et allait sortir en effet, quand la marquise, qui tournait le dos et apparemment n'avait pas entendu sa réponse, lui dit :

– Donnez-moi une boîte qui est sur la cheminée.

Il obéit ; elle prit des épingles dans la boîte, et rajusta sa coiffure.

– À propos, dit-elle, et ce portrait que vous aviez fait ?

– Je ne sais où il est, répondit Valentin ; mais je le retrouverai et, si vous permettez, je vous le donnerai lorsque je l'aurai retouché.

Un domestique vint, apportant une lettre à laquelle il fallait une réponse. La marquise se mit à écrire ; Valentin se leva et entra dans le jardin. En passant près du pavillon, il vit que la porte en était ouverte ; la femme de chambre qu'il avait rencontrée en arrivant y essuyait les meubles ; il entra, curieux d'examiner de près ce mystérieux boudoir qu'on disait délaissé. En le voyant, la servante se mit à rire avec cet air de protection que prend tout laquais après une confidence. C'était une fille jeune et assez jolie ; il s'approcha d'elle délibérément, et se jeta sur un fauteuil.

– Est-ce que votre maîtresse ne vient pas quelquefois ici ? demanda-t-il d'un air distrait.

La soubrette semblait hésiter à répondre ; elle continuait à ranger ; en passant devant la chaise longue de forme moderne dont je vous ai, je crois, parlé, elle dit à demi-voix :

– Voilà le fauteuil de madame.

– Et pourquoi, reprit Valentin, madame dit-elle qu'elle ne vient jamais ?

– Monsieur, répondit la servante, c'est que l'ancien marquis, ne vous déplaise, a fait des siennes dans ce pavillon. Il a mauvais renom dans le quartier ; quand on y entend du tapage, on dit : « C'est le pavillon de Parnes » ; et voilà pourquoi madame s'en défend.

– Et qu'y vient faire madame ? demanda encore Valentin.

Pour toute réponse, la soubrette haussa légèrement les épaules, comme pour dire : Pas grand mal.

Valentin regarda par la fenêtre si la marquise écrivait encore. Il avait mis, tout en causant, la main dans la poche de son gilet ; le hasard voulut que dans ce moment il fût dans la veine dorée ; un caprice de curiosité lui passa par la tête ; il tira un double louis neuf qui reluisait merveilleusement au soleil, et dit à la soubrette :

– Cachez-moi ici.

D'après ce qui s'était passé, la soubrette croyait que Valentin n'était pas mal vu de sa maîtresse. Pour entrer d'autorité chez une femme, il faut une certaine assurance d'en être bien reçu, et quand, après avoir forcé sa porte, on passe une demi-heure dans sa chambre, les domestiques savent qu'en penser. Cependant la proposition était hardie : se cacher pour surprendre les gens c'est une idée d'amoureux et non une idée d'amant ; le double louis, quelque beau qu'il fût, ne pouvait lutter avec la crainte d'être chassée. « Mais après tout, pensa la servante, quand on est aussi amoureux, on est bien près de devenir amant. Qui sait ? au lieu d'être chassée, je serai peut-être remerciée. » Elle prit donc le double louis en soupirant et montra en riant à Valentin un vaste placard où il se jeta.

– Où êtes-vous donc ? demandait la marquise qui venait de descendre dans le jardin.

La servante répondit que Valentin était sorti par le petit salon. Madame de Parnes regarda de côté et d'autre, comme pour s'assurer qu'il était parti ; puis elle entra dans le pavillon, y jeta un coup d'œil, et s'en fut après avoir fermé la porte à clef.

Vous trouverez peut-être, madame, que je vous fais un conte invraisemblable. Je connais des gens d'esprit, dans ce siècle de prose, qui soutiendraient très gravement que de pareilles choses ne sont pas possibles, et que, depuis la révolution, on ne se cache plus dans un pavillon. Il n'y a qu'une réponse à faire à ces incrédules : c'est qu'ils ont sans doute oublié le temps où ils étaient amoureux.

Dès que Valentin se trouva seul, il lui vint l'idée très naturelle qu'il allait peut-être passer là une journée. Quand sa curiosité fut satisfaite, et après qu'il eut examiné à loisir le lustre, les rideaux et les consoles, il se trouva avec un grand appétit vis-à-vis d'un sucrier et d'une carafe. Je vous ai dit que le billet du matin l'avait empêché de déjeuner ; mais il n'avait, en ce moment, aucun motif pour ne pas dîner. Il avala deux ou trois morceaux de sucre, et se souvint d'un vieux paysan à qui on demandait s'il aimait les femmes : « J'aime assez une belle fille, répondit le brave homme, mais j'aime mieux une bonne côtelette. » Valentin pensait aux festins dont, au dire de la soubrette, ce pavillon avait été témoin, et, à la vue d'une belle table ronde qui occupait le milieu de la chambre, il aurait volontiers évoqué le spectre des petits soupers du défunt marquis : « Qu'on serait bien ici, se disait-il, par une soirée ou par une nuit d'été, les fenêtres ouvertes, les persiennes fermées, les bougies allumées, la table servie ! Quel heureux temps que celui où nos ancêtres n'avaient qu'à frapper du pied sur le parquet, pour faire sortir de terre un bon repas [1] ! » Et en parlant ainsi Valentin frappait du pied ; mais rien ne lui répondait que l'écho de la voûte et le gémissement d'une harpe détendue.

Le bruit d'une clef dans la serrure le fit retourner précipitamment à son placard : était-ce la marquise ou la

---

1. Ce procédé n'est pas une invention de Musset. On imagina au XVIIIᵉ siècle un mécanisme qui permettait de faire monter les repas grâce à une trappe. (Voir Valentina Ponzetto, *Musset, ou la Nostalgie libertine*, *op. cit.*, p. 93).

femme de chambre ? Celle-ci pouvait le délivrer, ou du moins lui donner un morceau de pain. M'accusez-vous encore d'être romanesque, si je vous dis qu'en ce moment il ne savait laquelle des deux il eût souhaité de voir entrer ?

Ce fut la marquise qui parut. Que venait-elle faire ? La curiosité fut si forte, que toute autre idée s'évanouit. Madame de Parnes sortait de table ; elle fit précisément ce que Valentin rêvait tout à l'heure : elle ouvrit les fenêtres, ferma les persiennes et alluma deux bougies. Le jour commençait à tomber. Elle posa sur la table un livre qu'elle tenait, fit quelques pas en fredonnant, et s'assit sur un canapé.

« Que vient-elle faire ? » se répétait Valentin. Malgré l'opinion de la servante, il ne pouvait se défendre d'espérer qu'il allait découvrir quelque mystère. « Qui sait, pensait-il, elle attend peut-être quelqu'un ; je me trouverais jouer un beau rôle, s'il allait arriver un tiers. » La marquise ouvrait son livre au hasard, puis le fermait, puis semblait réfléchir. Le jeune homme crut s'apercevoir qu'elle regardait du côté du placard. À travers la porte entrebâillée, il suivait tous ses mouvements ; une étrange idée lui vint tout à coup : la femme de chambre avait-elle parlé, et la marquise savait-elle qu'il était là ?

Voilà, direz-vous, une idée bien folle, et surtout bien peu vraisemblable. Comment supposer qu'après son billet la marquise, instruite de la présence du jeune homme, ne l'eût pas fait mettre à la porte, ou tout au moins ne l'y eût pas mis elle-même ? Je commence, madame, par vous assurer que je suis du même avis que vous ; mais je dois ajouter, pour l'acquit de ma conscience, que je ne me charge, sous aucun prétexte, d'éclaircir des idées de ce genre. Il y a des gens qui supposent toujours, et d'autres qui ne supposent jamais ; le devoir d'un historien est de raconter et de laisser penser ceux qui s'en amusent.

Tout ce que je puis dire, c'est qu'il est évident que la déclaration de Valentin avait déplu à Madame de

Parnes ; qu'il est probable qu'elle n'y songeait plus ; que, selon toute apparence, elle le croyait parti, qu'il est plus probable encore qu'elle avait bien dîné, et qu'elle venait faire la sieste dans son pavillon, mais il est certain qu'elle commença par mettre un de ses pieds sur son canapé, puis l'autre, puis qu'elle posa la tête sur un coussin, puis qu'elle ferma doucement les yeux ; et il me paraît difficile, après cela, de ne pas croire qu'elle s'endormit.

Valentin eut envie, comme dit Valmont, d'essayer de passer pour un songe [1]. Il poussa la porte du placard ; un craquement le fit frémir ; la marquise avait ouvert les yeux, elle souleva sa tête et regarda autour d'elle. Valentin ne bougeait pas, comme vous pouvez croire. N'entendant plus rien et n'ayant rien vu, madame de Parnes se rendormit ; le jeune homme avança sur la pointe du pied, et, le cœur palpitant, respirant à peine, il parvint, comme Robert le Diable [2], jusqu'à Isabelle assoupie.

Ce n'est pas en pareille circonstance qu'on réfléchit ordinairement. Jamais madame de Parnes n'avait été si belle ; ses lèvres entrouvertes semblaient plus vermeilles ; un plus vif incarnat colorait ses joues ; sa respiration, égale et paisible, soulevait doucement son sein d'albâtre, couvert d'une blonde [3] légère. L'ange de la nuit ne sortit pas plus beau d'un bloc de marbre de Carrare, sous le

---

1. « J'avais tout fait préparer (et cela par elle-même), pour pouvoir entrer sans bruit. Elle était dans son premier sommeil, et dans celui de son âge ; de façon que je suis arrivé jusqu'à son lit, sans qu'elle se soit réveillée. J'ai d'abord été tenté d'aller plus avant, et d'essayer de passer pour un songe », écrit Valmont à la marquise de Merteuil. Choderlos de Laclos, *Les Liaisons dangereuses*, lettre XCVI, éd. René Pomeau, Paris, GF-Flammarion, 1996, p. 311-312.

2. Opéra en cinq actes de Meyerbeer (1791-1864) sur un livret de Scribe et de Germain Delavigne. Créé le 22 novembre 1831, cet opéra connut un très grand succès. Musset fait référence à l'un des clous du spectacle : Robert, après de nombreuses péripéties fantastiques, rejoint difficilement sa bien-aimée Isabelle dans une atmosphère qui oscille entre merveilleux et macabre. La comparaison, qui traduit ici le péril de l'approche, et la similitude des prénoms féminins connotent la scène de manière ironique.

3. Dentelle de soie plate, de couleur écrue.

ciseau de Michel-Ange [1]. Certes, même en s'offensant, une telle femme surprise ainsi doit pardonner le désir qu'elle inspire. Un léger mouvement de la marquise arrêta cependant Valentin. Dormait-elle ? Cet étrange doute le troublait malgré lui. « Et qu'importe ? se dit-il ; est-ce donc un piège ? Quel travers et quelle folie ! pourquoi l'amour perdrait-il de son prix en s'apercevant qu'il est partagé ? Quoi de plus permis, de plus vrai, qu'un demi-mensonge qui se laisse deviner ? Quoi de plus beau qu'elle, si elle dort ? Quoi de plus charmant, si elle ne dort pas ? »

Tout en parlant ainsi, il restait immobile, et ne pouvait s'empêcher de chercher un moyen de savoir la vérité. Dominé par cette pensée, il prit un petit morceau de sucre qui restait de son repas, et, se cachant derrière la marquise, il le lui jeta sur la main ; elle ne remua pas. Il poussa une chaise doucement d'abord, puis un peu plus fort ; point de réponse. Il étendit le bras, et fit tomber à terre le livre que madame de Parnes avait posé sur la table. Il la crut éveillée cette fois, et se blottit derrière le canapé ; mais rien ne bougeait. Il se leva alors, et, comme la persienne entrouverte exposait la marquise au serein, il la ferma avec précaution. – Vous comprenez, madame, que je n'étais pas dans le pavillon, et, du moment que la persienne fut fermée, il m'a été impossible d'en voir davantage.

VI

Il n'y avait pas plus de quinze jours de cela, lorsque Valentin, en sortant de chez madame Delaunay, oublia son mouchoir sur un fauteuil. Quand le jeune homme fut

---

1. Musset fait ici référence à l'allégorie de la Nuit de Michel-Ange figurant sur le tombeau de Julien de Médicis (1527), à Florence.

parti, madame Delaunay ramassa le mouchoir, et, ayant, par hasard, regardé la marque, elle trouva un I et un P très délicatement brodés. Ce n'était pas le chiffre de Valentin : à qui donc appartenait ce mouchoir ? Le nom d'Isabelle de Parnes n'avait jamais été prononcé rue du Plat-d'Étain, et la veuve, par conséquent, se perdait en vaines conjectures. Elle retournait le mouchoir dans tous les sens, regardait un coin, puis un autre, comme si elle eût espéré découvrir quelque part le véritable nom du propriétaire.

Et pourquoi, me demanderez-vous, tant de curiosité pour une chose si simple ? On emprunte tous les jours un mouchoir à un ami, et on le perd : cela va sans dire. Qu'y a-t-il là d'extraordinaire ? Cependant madame Delaunay examinait de près la fine batiste, et y trouvait un air féminin qui lui faisait hocher la tête. Elle se connaissait en broderie, et le dessin lui paraissait bien riche pour sortir de l'armoire d'un garçon. Un indice imprévu lui découvrit la vérité. Aux plis du mouchoir, elle reconnut qu'un des coins avait été noué pour servir de bourse, et cette manière de serrer son argent n'appartient, vous le savez, qu'aux femmes. Elle pâlit à cette découverte, et, après avoir pendant quelque temps fixé sur le mouchoir des regards pensifs, elle fut obligée de s'en servir pour essuyer une larme qui coulait sur sa joue.

Une larme ! direz-vous, déjà une larme ! Hélas ! oui, madame, elle pleurait. Qu'était-il donc arrivé ? Je vais vous le dire ; mais il faut pour cela revenir un instant sur nos pas.

Il faut savoir que, le surlendemain du bal, Valentin était venu chez madame Delaunay. La mère lui ouvrit la porte, et lui répondit que sa fille était sortie. Madame Delaunay, là-dessus, avait écrit une longue lettre au jeune homme ; elle lui rappelait leur dernier entretien ; et le suppliait de ne plus la voir. Elle comptait sur sa parole, sur son honneur et sur son amitié. Elle ne se montrait pas offensée, et ne parlait pas du galop. Bref, Valentin lut cette lettre d'un bout à l'autre sans y trouver rien de trop ni de trop peu. Il se sentit touché, et il eût obéi, si le dernier mot n'y eût pas été. Ce dernier mot, il est vrai, avait été effacé, mais si légèrement, qu'on ne l'en voyait que mieux. « Adieu, disait la veuve en terminant sa lettre, soyez heureux. »

Dire à un amant qu'on bannit : *Soyez heureux*, qu'en pensez-vous, madame ? N'est-ce pas lui dire : Je ne suis pas heureuse ? Le vendredi venu, Valentin hésita long-temps s'il irait ou non chez le notaire. Malgré son âge et son étourderie, l'idée de nuire à qui que ce fût lui était insupportable. Il ne savait à quoi se décider, lorsqu'il se répéta : Soyez heureux ! Et il courut chez M. des Andelys.

Pourquoi madame Delaunay y était-elle ? Quand notre héros entra dans le salon, il la vit froncer le sourcil avec une singulière expression. Pour ce qui regarde les manières, il y avait bien en elle quelque coquetterie ; mais, au fond du cœur, personne n'était plus simple, plus inexpérimenté que madame Delaunay. Elle avait pu, en voyant le danger, tenter hardiment de s'en défendre ; mais, pour résister à une lutte engagée, elle n'avait pas les armes nécessaires. Elle ne savait rien de ces manèges habiles, de ces ressources toujours prêtes, au moyen des-quelles une femme d'esprit sait tenir l'amour en lisière et l'éloigner ou l'appeler tour à tour. Quand Valentin lui avait baisé la main, elle s'était dit : « Voilà un mauvais sujet dont je pourrais bien devenir amoureuse ; il faut qu'il parte sur-le-champ. » Mais, lorsqu'elle le vit, chez le notaire, entrer gaiement sur la pointe du pied, serré dans sa cravate et le sourire sur les lèvres, la saluant, malgré sa défense, avec un gracieux respect, elle se dit : « Voilà un homme plus obstiné et plus rusé que moi ; je ne serai pas la plus forte avec lui, et, puisqu'il revient, il m'aime peut-être. »

Elle ne refusa pas, cette fois, la contredanse qu'il lui demandait ; aux premières paroles, il vit en elle une grande résignation et une grande inquiétude. Au fond de cette âme timide et droite, il y avait quelque ennui de la vie ; tout en désirant le repos, elle était lasse de la solitude. M. Delaunay, mort fort jeune, ne l'avait point aimée ; il l'avait prise pour ménagère plutôt que pour femme, et, quoiqu'elle n'eût point de dot, il avait fait, en l'épousant, ce qu'on appelle un mariage de raison. L'économie, l'ordre, la vigilance, l'estime publique, l'amitié de son mari, les vertus domestiques en un mot, voilà ce qu'elle connaissait en ce monde. Valentin avait, dans le salon de M. des Andelys, la réputation que tout jeune homme dont le tailleur est bon peut avoir chez un notaire. On n'en parlait que comme d'un *élégant*, d'un habitué de Tortoni [1], et les petites cousines se chuchotaient entre elles des histoires de l'autre monde qu'on lui attribuait. Il était descendu par une cheminée chez une baronne, il avait sauté par la fenêtre d'une duchesse qui demeurait au cinquième étage, le tout par amour et sans se faire de mal, etc.

Madame Delaunay avait trop de bon sens pour écouter ces niaiseries ; mais elle eût peut-être mieux fait de les écouter que d'en entendre quelques mots au hasard. Tout dépend souvent, ici-bas, du pied sur lequel on se présente. Pour parler comme les écoliers, Valentin avait l'avantage sur madame Delaunay. Pour lui reprocher d'être venu, elle attendait qu'il lui en demandât pardon. Il s'en garda bien, comme vous pensez. S'il eût été ce qu'elle le croyait, c'est-à-dire un homme à bonnes fortunes, il n'eût peut-être pas réussi près d'elle, car elle l'eût senti alors trop habile et trop sûr de lui ; mais il tremblait en la touchant, et cette preuve d'amour, jointe à un peu de crainte, troublait à la fois la tête et le cœur de la jeune femme. Il n'était pas question, dans tout cela, de la salle à manger du notaire, ils semblaient tous deux l'avoir

---

1. Situé au n° 22 du boulevard des Italiens, le café Tortoni fut créé en 1798 par le glacier napolitain Velloni mais ne prit le nom de « Tortoni » qu'en 1804. Fréquenté par la jeunesse élégante (les « tortonistes »), l'établissement fut un des lieux à la mode durant tout le XIXe siècle, jusqu'à sa fermeture en 1894.

oubliée ; mais quand arriva le signal du galop et que Valentin vint inviter la veuve, il fallut bien s'en souvenir.

Il m'a assuré que de sa vie il n'avait vu de plus beau visage que celui de madame Delaunay quand il lui fit cette invitation. Son front, ses joues, se couvrirent de rougeur ; tout le sang qu'elle avait au cœur reflua autour de ses grands yeux noirs, comme pour en faire ressortir la flamme. Elle se souleva à demi, prête à accepter, et n'osant le faire ; un léger frisson fit trembler ses épaules, qui, cette fois, n'étaient pas nues. Valentin lui tenait la main ; il la pressa doucement dans la sienne comme pour lui dire : Ne craignez plus rien, je sens que vous m'aimez.

Avez-vous quelquefois réfléchi à la position d'une femme qui pardonne un baiser qu'on lui a dérobé ? Au moment où elle promet de l'oublier, c'est à peu près comme si elle l'accordait. Valentin osa faire à madame Delaunay quelques reproches de sa colère ; il se plaignit de sa sévérité, de l'éloignement où elle l'avait tenu ; il en vint enfin, non sans hésiter, à lui parler d'un petit jardin situé derrière sa maison, lieu retiré, à l'ombrage épais, où nul œil indiscret ne pouvait pénétrer. Une fraîche cascade, par son murmure, y protégeait la causerie ; la solitude y protégeait l'amour. Nul bruit, nul témoin, nul danger. Parler d'un lieu pareil au milieu du monde, au son de la musique, dans le tourbillon d'une fête, à une jeune femme qui vous écoute, qui n'accepte ni se refuse, mais qui laisse dire et qui sourit... ah ! madame, parler ainsi d'un lieu pareil, c'est peut-être plus doux que d'y être.

Tandis que Valentin se livrait sans réserve, la veuve écoutait sans réflexion. De temps en temps, aux ardents désirs elle opposait une objection timide ; de temps en temps elle feignait de ne plus entendre, et si un mot lui avait échappé, en rougissant, elle le faisait répéter. Sa main, pressée par celle du jeune homme, voulait être froide et immobile ; elle était inquiète et brûlante. Le hasard, qui sert les amants, voulut qu'en passant dans la salle à manger ils se retrouvassent seuls, comme la dernière fois. Valentin n'eut pas même la pensée de troubler la rêverie de sa valseuse, et, à la place du désir, madame Delaunay vit l'amour. Que vous dirais-je ? ce respect, cette audace, cette chambre, ce bal, l'occasion, tout se réunissait pour la séduire. Elle ferma les yeux à demi, soupira... et ne promit rien.

Voilà, madame, pour quelle raison madame Delaunay se mit à pleurer quand elle trouva le mouchoir de la marquise.

VII

De ce que Valentin avait oublié ce mouchoir, il ne faut pas croire, cependant, qu'il n'en eût pas un dans sa poche.

Pendant que madame Delaunay pleurait, notre étourdi, qui n'en savait rien, était fort éloigné de pleurer. Il était dans un petit salon boisé, doré et musqué comme une bonbonnière, au fond d'un grand fauteuil de damas violet. Il écoutait, après un bon dîner, l'*Invitation à la valse* de Weber [1] et, tout en prenant d'excellent café, il regardait de temps en temps le cou blanc de madame de Parnes. Celle-ci, dans tous ses atours et exaltée, comme dit Hoffmann, par une tasse de thé bien sucré [2], faisait

---

1. « Rondo brillant » en *ré* bémol majeur, composé pour le piano par Carl Maria von Weber (1786-1826) en 1819. Berlioz en réalisa la transcription orchestrale. La pièce, d'inspiration libre, allie fantaisie, fougue et lyrisme.

2. Citation extraite des *Aventures de la Nuit de la Saint-Sylvestre*, dans les *Fantaisies à la manière de Callot* (*Fantasiestücke in Callot's Manier*) : « Un virtuose, dans un salon, improvisait sur le piano : "Oh ! il joue divinement !" – chuchota une demoiselle exaltée par une tasse de thé bien sucré. » E.T.A. Hoffmann, traduit en 1829 dans la collection des « Chefs-d'œuvre étrangers » de la Librairie Ladvocat, avait rencontré un très grand succès, et Musset s'en était inspiré pour écrire *Fantasio* (1834).

de son mieux de ses belles mains. Ce n'était pas de la petite musique, et il faut dire, en toute justice, qu'elle s'en tirait parfaitement. Je ne sais lequel méritait le plus d'éloge, ou du sentimental maître allemand, ou de l'intelligente musicienne, ou de l'admirable instrument d'Érard [1], qui renvoyait en vibrations sonores la double inspiration qui l'animait.

Le morceau fini, Valentin se leva, et tirant de sa poche un mouchoir : « Tenez, dit-il, je vous remercie ; voilà le mouchoir que vous m'avez prêté. »

La marquise fit justement ce qu'avait fait madame Delaunay. Elle regarda la marque aussitôt, sa main délicate avait senti un tissu trop rude pour lui appartenir. Elle se connaissait aussi en broderie ; mais il y en avait si peu que rien, assez pourtant pour dénoter une femme. Elle retourna deux ou trois fois le mouchoir, l'approcha timidement de son nez, le regarda encore, puis le jeta à Valentin en lui disant : « Vous vous êtes trompé ; ce que vous me rendez là appartient à quelque femme de chambre de votre mère. »

Valentin, qui avait emporté par mégarde le mouchoir de madame Delaunay, le reconnut et se sentit battre le cœur. « Pourquoi à une femme de chambre ? » répondit-il. Mais la marquise s'était remise au piano ; peu lui importait une rivale qui se mouchait dans de la grosse toile. Elle reprit le *presto* [2] de sa valse, et fit semblant de n'avoir pas entendu.

Cette indifférence piqua Valentin. Il fit un tour de chambre et prit son chapeau.

– Où allez-vous donc ? demanda madame de Parnes.

– Chez ma mère, rendre à sa femme de chambre le mouchoir qu'elle m'a prêté.

---

1. Sébastien Érard (1752-1831) est un célèbre facteur de piano. Il est notamment l'inventeur du piano-forte et du piano. Beethoven et Liszt ont joué sur un instrument Érard.
2. Indication de jeu, mouvement très rapide.

– Vous verra-t-on demain ? Nous avons un peu de musique, et vous me ferez plaisir de venir dîner.

– Non ; j'ai affaire toute la journée.

Il continuait à se promener, et ne se décidait pas à sortir. La marquise se leva et vint à lui.

– Vous êtes un singulier homme, lui dit-elle ; vous voudriez me voir jalouse.

– Moi ? pas du tout. La jalousie est un sentiment que je déteste.

– Pourquoi donc vous fâchez-vous de ce que je trouve à ce mouchoir un air d'antichambre ? Est-ce ma faute, ou la vôtre ?

– Je ne m'en fâche point, je le [1] trouve tout simple.

En parlant ainsi, il tournait le dos. Madame de Parnes s'avança doucement, se saisit du mouchoir de madame Delaunay, et, s'approchant d'une fenêtre ouverte, le jeta dans la rue.

– Que faites-vous ? s'écria Valentin. Et il s'élança pour le retenir ; mais il était trop tard.

– Je veux savoir, dit en riant la marquise, jusqu'à quel point vous y tenez, et je suis curieuse de voir si vous descendrez le chercher.

Valentin hésita un instant, et rougit de plaisir. Il eût voulu punir la marquise par quelque réponse piquante ; mais, comme il arrive souvent, la colère lui ôtait l'esprit. Madame de Parnes se mit à rire de plus belle. Il enfonça son chapeau sur sa tête, et sortit en disant : « Je vais le chercher. »

Il chercha en effet longtemps ; mais un mouchoir perdu est bientôt ramassé, et ce fut vainement qu'il revint dix fois d'une borne à une autre. La marquise à sa fenêtre riait toujours en le regardant faire. Fatigué enfin, et un peu honteux, il s'éloigna sans lever la tête, feignant de ne

---

1. La formulation est ambiguë car le lecteur peut penser que le pronom *le* désigne le mouchoir. En réalité Musset use d'un tour syntaxique de la langue classique : le pronom *le* (dont l'équivalent pourrait être *cela*) désigne la situation non l'objet.

pas s'apercevoir qu'on l'eût observé. Au coin de la rue
pourtant, il se retourna, et vit madame de Parnes qui ne
riait plus, et qui le suivait des yeux.

Il continua sa route sans savoir où il allait, et prit
machinalement le chemin de la rue du Plat-d'Étain. La
soirée était belle et le ciel pur. La veuve était aussi à sa
fenêtre, elle avait passé une triste journée.

– J'ai besoin d'être rassurée, lui dit-elle dès qu'il fut
entré. À qui appartient un mouchoir que vous avez laissé
chez moi ?

Il y a des gens qui savent tromper et qui ne savent
pas mentir. À cette question, Valentin se troubla trop
évidemment pour qu'il fût possible de s'y méprendre, et
sans attendre qu'il répondît :

– Écoutez-moi, dit madame Delaunay. Vous savez
maintenant que je vous aime. Vous connaissez beaucoup
de monde, et je ne vois personne ; il m'est aussi impossible de savoir ce que vous faites qu'il vous serait facile
d'y voir clair dans mes moindres actions, s'il vous en prenait fantaisie. Vous pouvez me tromper aisément et
impunément puisque je ne peux ni vous surveiller, ni
cesser de vous aimer ; souvenez-vous, je vous en supplie,
de ce que je vais vous dire : tout se sait tôt ou tard, et,
croyez-moi, c'est une triste chose.

Valentin voulait l'interrompre ; elle lui prit la main et
continua :

– Je ne dis pas assez, ce n'est pas une triste chose, mais
la plus triste qu'il y ait au monde. Si rien n'est plus doux
que le souvenir du bonheur, rien n'est plus affreux que
de s'apercevoir que le bonheur passé était un mensonge.
Avez-vous jamais pensé à ce que ce peut être que de haïr
ceux qu'on a aimés ? Concevez-vous rien de pis ? Réflé-
chissez à cela, je vous en conjure. Ceux qui trouvent plaisir à tromper les autres en tirent ordinairement vanité ;
ils s'imaginent avoir par là quelque supériorité sur leurs
dupes ; elle est bien fugitive, et à quoi mène-t-elle ? Rien
n'est aussi aisé que le mal. Un homme de votre âge peut
tromper sa maîtresse, seulement pour passer le temps ;

mais le temps s'écoule en effet, la vérité vient, et que reste-t-il ? Une pauvre créature abusée s'est crue aimée, heureuse ; elle a fait de vous son bien unique ; pensez à ce qui lui arrive, s'il faut qu'elle ait horreur de vous !

La simplicité de ce langage avait ému Valentin jusqu'au fond du cœur.

— Je vous aime, lui dit-il, n'en doutez pas, je n'aime que vous seule.

— J'ai besoin de le croire, répondit la veuve, et, si vous dites vrai, nous ne reparlerons jamais de ce que j'ai souffert aujourd'hui. Permettez-moi pourtant d'ajouter encore un mot qu'il faut absolument que je vous dise. J'ai vu mon père, à l'âge de soixante ans, apprendre tout à coup qu'un ami d'enfance l'avait trompé dans une affaire de commerce. Une lettre avait été trouvée, dans laquelle cet ami racontait lui-même sa perfidie, et se vantait de la triste habileté qui lui avait rapporté quelques billets de banque à notre détriment. J'ai vu mon père abîmé de douleur et stupéfait, la tête baissée, lire cette lettre ; il en était aussi honteux que s'il eût été lui-même le coupable ; il essuya une larme sur sa joue, jeta la lettre au feu, et s'écria : « Que la vanité et l'intérêt sont peu de chose ! mais qu'il est affreux de perdre un ami ! » Si vous eussiez été là, Valentin, vous auriez fait serment de ne jamais tromper personne.

Madame Delaunay, en prononçant ces mots, laissa échapper quelques larmes. Valentin était assis près d'elle ; pour toute réponse, il l'attira à lui ; elle posa sa tête sur son épaule, et tirant de la poche de son tablier le mouchoir de la marquise :

— Il est bien beau, dit-elle ; la broderie en est fine : vous me le laisserez, n'est-ce pas ? La femme à qui il appartient ne s'apercevra pas qu'elle l'a perdu. Quand on a un mouchoir pareil, on en a bien d'autres. Je n'en ai, moi, qu'une douzaine, et ils ne sont pas merveilleux. Vous me rendrez le mien que vous avez emporté, et qui ne vous ferait pas honneur ; mais je garderai celui-ci.

– À quoi bon ? répondit Valentin. Vous ne vous en servirez pas.

– Si, mon ami ; il faut que je me console de l'avoir trouvé sur ce fauteuil, et il faut qu'il essuie mes larmes jusqu'à ce qu'elles aient cessé de couler.

– Que ce baiser les essuie ! s'écria le jeune homme. Et, prenant le mouchoir de madame de Parnes, il le jeta par la fenêtre.

VIII

Six semaines s'étaient écoulées, et il faut qu'il soit bien difficile à l'homme de se connaître lui-même, puisque Valentin ne savait pas encore laquelle de ses deux maîtresses il aimait le mieux. Malgré ses moments de sincérité et les élans de son cœur qui l'emportaient près de madame Delaunay, il ne pouvait se résoudre à désapprendre le chemin de l'hôtel de la Chaussée d'Antin. Malgré la beauté de madame de Parnes, son esprit, sa grâce et tous les plaisirs qu'il trouvait chez elle, il ne pouvait renoncer à la chambrette de la rue du Plat-d'Étain. Le petit jardin de Valentin voyait tour à tour la veuve et la marquise se promener au bras du jeune homme, et le murmure de la cascade couvrait de son bruit monotone des serments toujours répétés, toujours trahis avec la même ardeur. Faut-il donc croire que l'inconstance ait ses plaisirs comme l'amour fidèle ? On entendait quelquefois rouler encore la voiture sans livrée qui emmenait incognito madame de Parnes, quand madame Delaunay paraissait voilée au bout de la rue, s'acheminant d'un pas craintif. Caché derrière sa jalousie, Valentin souriait de ces rencontres, et s'abandonnait sans remords aux dangereux attraits du changement.

C'est une chose presque infaillible que ceux qui se familiarisent avec un péril quelconque finissent par l'aimer. Toujours exposé à voir sa double intrigue découverte par hasard, obligé au rôle difficile d'un homme qui doit mentir sans cesse, sans jamais se trahir, notre étourdi se sentit fier de cette position étrange ; après y avoir accoutumé son cœur, il y habitua sa vanité. Les craintes qui le troublaient d'abord, les scrupules qui l'arrêtaient, lui devinrent chers ; il donna deux bagues pareilles à ses deux amies ; il avait obtenu de madame Delaunay qu'elle portât une légère chaîne d'or qu'il avait choisie au lieu de son collier de chrysocale. Il lui parut plaisant de faire mettre ce collier à la marquise ; il réussit à l'en affubler un jour qu'elle allait au bal, et c'est, à coup sûr, la plus grande preuve d'amour qu'elle lui ait donnée.

Madame Delaunay, trompée par l'amour, ne pouvait croire à l'inconstance de Valentin. Il y avait de certains jours où la vérité lui apparaissait tout à coup claire et irrécusable. Elle éclatait alors en reproches, elle fondait en larmes, elle voulait mourir ; un mot de son amant l'abusait de nouveau, un serrement de main la consolait ; elle rentrait chez elle heureuse et tranquille. Madame de Parnes, trompée par l'orgueil, ne cherchait à rien découvrir et n'essayait de rien savoir. Elle se disait : « C'est quelque ancienne maîtresse qu'il n'a pas le courage de quitter. » Et elle ne daignait pas s'abaisser à demander un sacrifice. L'amour lui semblait un passe-temps, la jalousie un ridicule ; elle croyait d'ailleurs sa beauté un talisman auquel rien ne pouvait résister.

Si vous vous souvenez, madame, du caractère de notre héros, tel que j'ai tâché de vous le peindre à la première page de ce conte, vous comprendrez et vous excuserez peut-être sa conduite, malgré ce qu'elle a de justement blâmable. Le double amour qu'il ressentait, ou croyait ressentir, était pour ainsi dire l'image de sa vie entière. Ayant toujours cherché les extrêmes, goûtant les jouissances du pauvre et celles du riche en même temps, il trouvait près de ces deux femmes le contraste qui lui plaisait, et il était réellement riche et pauvre dans la même journée. Si, de sept à huit heures, au soleil couchant, deux beaux chevaux gris entraient au petit trot dans l'avenue des Champs-Élysées, traînant doucement derrière eux un coupé tendu de soie comme un boudoir, vous eussiez pu voir au fond de la voiture une fraîche et coquette figure cachée sous une grande capote, et souriant à un jeune homme nonchalamment étendu près d'elle : c'étaient Valentin et madame de Parnes qui prenaient l'air après dîner. Si le matin, au lever du soleil, le hasard vous avait mené près du joli bois de Romainville [1], vous eussiez pu y rencontrer sous le vert bosquet d'une guinguette deux amoureux se parlant à voix basse, ou lisant ensemble La Fontaine [2] : c'étaient Valentin et madame Delaunay qui venaient de marcher dans la rosée. Étiez-vous ce soir d'un grand bal à l'ambassade d'Autriche ? Avez-vous vu au milieu d'un cercle brillant de jeunes femmes une beauté plus fière, plus courtisée, plus dédaigneuse que toutes les autres ? Cette tête charmante, coiffée d'un turban doré, qui se balance avec grâce comme une rose bercée par le zéphyr, c'est la jeune marquise que la foule admire, que le triomphe embellit, et qui pourtant semble rêver. Non loin de là, appuyé contre une colonne, Valentin la regarde : personne ne connaît leur secret, personne n'interprète ce coup d'œil, et ne devine la joie de l'amant. L'éclat des lustres, le bruit de la musique, les murmures de la foule, le parfum des fleurs, tout le pénètre, le transporte, et l'image radieuse de sa belle maîtresse enivre ses yeux éblouis. Il doute presque lui-même de son bonheur, et qu'un si rare trésor lui appartienne ; il entend les hommes dire autour de lui : « Quel éclat ! quel sourire ! quelle femme ! » et il se répète tout bas ces paroles. L'heure du souper arrive ; un jeune officier rougit de plaisir en présentant sa main à la

---

1. Le bois de Romainville, lieu de promenade dominicale prisé par les étudiants et les grisettes, se trouvait sur l'actuelle commune des Lilas, en Seine-Saint-Denis.
2. Nouvelle référence à La Fontaine dans le récit, ici dans un cadre intimiste et pittoresque. La mise en abyme (ils s'adonnent à la lecture) confirme la prégnance réelle et symbolique du fabuliste dans le récit.

marquise ; on l'entoure, on la suit, chacun veut s'en approcher et brigue la faveur d'un mot tombé de ses lèvres ; c'est alors qu'elle passe près de Valentin et lui dit à l'oreille : « À demain. » Que de jouissances dans un mot pareil ! Demain cependant, à la nuit tombante, le jeune homme monte à tâtons un escalier sans lumière ; il arrive à grand-peine au troisième étage et frappe doucement à une petite porte ; elle s'est ouverte, il entre ; madame Delaunay, devant sa table, travaillait seule en l'attendant ; il s'assoit près d'elle ; elle le regarde, lui prend la main et lui dit qu'elle le remercie de l'aimer encore. Une seule lampe éclaire faiblement la modeste chambrette ; mais sous cette lampe est un visage ami, tranquille et bienveillant ; il n'y a plus là ni témoins empressés, ni admiration, ni triomphe ; mais Valentin fait plus que de ne pas regretter le monde, il l'oublie ; la vieille mère arrive, s'assoit dans la bergère, et il faut écouter jusqu'à dix heures les histoires du temps passé, caresser le petit chien qui gronde, rallumer la lampe qui s'éteint. Quelquefois c'est un roman nouveau qu'il faut avoir le courage de lire ; Valentin laisse tomber le livre pour effleurer, en le ramassant, le petit pied de sa maîtresse ; quelquefois c'est un piquet à deux sous la fiche qu'il faut faire avec la bonne dame, et avoir soin de n'avoir pas trop beau jeu. En sortant de là, le jeune homme revient à pied ; il a soupé hier avec du vin de Champagne, en fredonnant une contredanse ; il soupe ce soir avec une tasse de lait, en faisant quelques vers pour son amie. Pendant ce temps-là, la marquise est furieuse qu'on lui ait manqué de parole ; un grand laquais poudré apporte un billet plein de tendres reproches et sentant le musc ; le billet est décacheté, la fenêtre ouverte, le temps est beau, madame de Parnes va venir ; voilà notre étourdi grand seigneur. Ainsi, toujours différent de lui-même, il trouvait moyen d'être vrai en n'étant jamais sincère, et l'amant de la marquise n'était pas celui de la veuve.

« Et pourquoi choisir ? me disait-il un jour qu'en nous promenant il essayait de se justifier. Pourquoi cette nécessité d'aimer d'une manière exclusive ? Blâmerait-on un homme de mon âge d'être amoureux de madame de Parnes ? N'est-elle pas admirée, enviée ? Ne vante-t-on pas son esprit et ses charmes ? La raison même se passionne pour elle. D'une autre part, quel reproche ferait-on à celui que la bonté, la tendresse, la candeur de madame Delaunay auraient touché ? N'est-elle pas digne de faire la joie et le bonheur d'un homme ? Moins belle, ne serait-elle pas une amie précieuse, et, telle qu'elle est, y a-t-il au monde une plus charmante maîtresse ? En quoi donc suis-je coupable d'aimer ces deux femmes, si chacune d'elles mérite qu'on l'aime ? Et, s'il est vrai que je sois assez heureux pour compter pour quelque chose dans leur vie, pourquoi ne pourrais-je rendre l'une heureuse qu'en faisant le malheur de l'autre ? Pourquoi le doux sourire que ma présence fait éclore quelquefois sur les lèvres de ma belle veuve devrait-il être acheté au prix d'une larme versée par la marquise ? Est-ce leur faute si le hasard m'a jeté sur leur route, si je les ai approchées, si elles m'ont permis de les aimer ? Laquelle choisirais-je sans être injuste ? En quoi celle-là aurait-elle mérité plus que celle-ci d'être préférée ou abandonnée ? Quand madame Delaunay me dit que son existence entière m'appartient, que voulez-vous donc que je réponde ? Faut-il la repousser, la désabuser et lui laisser le découragement et le chagrin ? Quand madame de Parnes est au piano, et qu'assis derrière elle je la vois se livrer à la noble inspiration de son cœur ; quand son esprit élève le mien, m'exalte et me fait mieux goûter par la sympathie les plus exquises jouissances de l'intelligence, faut-il que je lui dise qu'elle se trompe et qu'un si doux plaisir est coupable ? Faut-il que je change en haine ou en mépris le souvenir de ces heures délicieuses ? Non, mon ami, je mentirais en disant à l'une des deux que je ne l'aime plus ou que je ne l'ai point aimée ; j'aurais plutôt le courage de les perdre ensemble, que celui de choisir entre elles. »

Vous voyez, madame, que notre étourdi faisait comme font tous les hommes : ne pouvant se corriger de sa folie, il tentait de lui donner l'apparence de la raison. Cependant il y avait de certains jours où son cœur se refusait, malgré lui, au double rôle qu'il soutenait. Il tâchait de troubler le moins possible le repos de madame Delaunay ; mais la fierté de la marquise eut plus d'un caprice à supporter. « Cette femme n'a que de l'esprit et de l'orgueil », me disait-il d'elle quelquefois. Il arrivait aussi qu'en quittant le salon de madame de Parnes, la naïveté de la veuve le faisait sourire, et qu'il trouvait qu'à son tour elle avait trop peu d'orgueil et d'esprit. Il se plaignait de manquer de liberté. Tantôt une boutade lui faisait renoncer à un rendez-vous ; il prenait un livre, et s'en allait dîner seul à la campagne. Tantôt il maudissait le hasard qui s'opposait à une entrevue qu'il demandait. Madame Delaunay était, au fond du cœur, celle qu'il préférait ; mais il n'en savait rien lui-même, et cette singulière incertitude aurait peut-être duré longtemps, si une circonstance, légère en apparence, ne l'eût éclairé tout à coup sur ses véritables sentiments.

On était au mois de juin, et les soirées au jardin étaient délicieuses. La marquise, en s'asseyant sur un banc de bois près de la cascade, s'avisa un jour de le trouver dur.

– Je vous ferai cadeau d'un coussin, dit-elle à Valentin.

Le lendemain matin, en effet, arriva une causeuse élégante, accompagnée d'un beau coussin de tapisserie, de la part de madame de Parnes.

Vous vous souvenez peut-être que madame Delaunay faisait de la tapisserie. Depuis un mois, Valentin l'avait vue travailler constamment à un ouvrage de ce genre dont il avait admiré le dessin ; non que ce dessin eût rien de remarquable : c'était, je crois, une couronne de fleurs, comme toutes les tapisseries du monde ; mais les couleurs en étaient charmantes. Que peut faire, d'ailleurs, une main aimée que nous ne le trouvions un chef-d'œuvre ! Cent fois, le soir, près de la lampe, le jeune homme avait suivi des yeux, sur le canevas, les doigts habiles de la veuve ; cent fois, au milieu d'un entretien

animé, il s'était arrêté, observant un religieux silence,
tandis qu'elle comptait ses points ; cent fois il avait inter-
rompu cette main fatiguée et lui avait rendu le courage
par un baiser.

Quand Valentin eut fait porter la causeuse de la marquise dans une petite salle attenante au jardin, il y des-
cendit et examina son cadeau. En regardant de près le
coussin, il crut le reconnaître ; il le prit, le retourna, le
remit à sa place, et se demanda où il l'avait vu. « Fou
que je suis, se dit-il, tous les coussins se ressemblent, et
celui-là n'a rien d'extraordinaire. » Mais une petite tache
faite sur le fond blanc attira tout à coup ses yeux ; il n'y
avait pas à se tromper ; Valentin avait fait lui-même cette
tache, en laissant tomber une goutte d'encre sur
l'ouvrage de madame Delaunay, un soir qu'il écrivait
près d'elle.

Cette découverte le jeta, comme vous le pensez, dans
un grand étonnement. « Comment ? est-ce possible ? se
demanda-t-il ; comment la marquise peut-elle m'envoyer
un coussin fait par madame Delaunay ? » Il regarda
encore : plus de doute, ce sont les mêmes fleurs, les
mêmes couleurs. Il en reconnaît l'éclat, l'arrangement ; il
les touche comme pour s'assurer qu'il n'est pas trompé
par une illusion ; puis il reste interdit, ne sachant
comment s'expliquer ce qu'il voit.

Je n'ai que faire de dire que mille conjectures, moins
vraisemblables les unes que les autres, se présentèrent à
son esprit. Tantôt il supposait que le hasard avait pu faire
se rencontrer la veuve et la marquise, qu'elles s'étaient
entendues ensemble, et qu'elles lui envoyaient ce coussin
d'un commun accord, pour lui apprendre que sa perfidie
était démasquée ; tantôt il se disait que madame Delaunay avait surpris sa conversation de la veille dans le
jardin, et qu'elle avait voulu, pour lui faire honte, remplir
la promesse de madame de Parnes. De toute façon, il se
voyait découvert, abandonné de ses deux maîtresses, ou
tout au moins de l'une des deux. Après avoir passé une
heure à rêver, il résolut de sortir d'incertitude. Il alla chez

madame Delaunay, qui le reçut comme à l'ordinaire, et dont le visage n'exprima qu'un peu d'étonnement de le voir arriver si matin.

Rassuré d'abord par cet accueil, il parla quelque temps de choses indifférentes ; puis, dominé par l'inquiétude, il demanda à la veuve si sa tapisserie était terminée. « Oui, répondit-elle. – Et où est-elle donc ? » demanda-t-il. À cette question, madame Delaunay se troubla et rougit. « Elle est chez le marchand, dit-elle assez vite. Puis elle se reprit, et ajouta : Je l'ai donnée à monter, on va me la rendre. »

Si Valentin avait été surpris de reconnaître le coussin, il le fut encore davantage de voir la veuve se troubler lorsqu'il lui en parla. N'osant pourtant faire de nouvelles questions, de peur de se trahir, il sortit bientôt, et s'en fut chez la marquise. Mais cette visite lui en apprit encore moins ; quand il fut question de la causeuse, madame de Parnes, pour toute réponse, fit un léger signe de tête en souriant, comme pour dire : Je suis charmée qu'elle vous plaise.

Notre étourdi rentra donc chez lui, moins inquiet, il est vrai, qu'il n'en était sorti, mais croyant presque avoir fait un rêve. Quel mystère ou quel caprice du hasard cachait cet envoi singulier ? « L'une fait un coussin, et l'autre me le donne ; celle-là passe un mois à travailler, et quand son ouvrage est fini, celle-ci s'en trouve propriétaire ; ces deux femmes ne se sont jamais vues, et elles s'entendent pour me jouer un tour dont elles ne semblent pas se douter. » Il y avait assurément de quoi se torturer l'esprit : aussi le jeune homme cherchait-il de cent manières différentes la clef de l'énigme qui le tourmentait.

En examinant le coussin, il trouva l'adresse du marchand qui l'avait vendu. Sur un petit morceau de papier collé dans un coin, était écrit : *Au père de famille, rue Dauphine* [1].

---

1. Mercerie située au 30 de la rue Dauphine (6e arrondissement).

Dès que Valentin eut lu ces mots, il se vit sûr de parvenir à la vérité. Il courut au magasin du *Père de famille* ; il demanda si le matin même on n'avait pas vendu à une dame un coussin en tapisserie qu'il désigna et qu'on reconnut. Aux questions qu'il fit ensuite pour savoir qui avait fait ce coussin et d'où il venait, on ne répondit qu'avec restriction ; on ne connaissait pas l'ouvrière : il y avait dans le magasin beaucoup d'objets de ce genre ; enfin on ne voulait rien dire.

Malgré les réticences, Valentin eut bientôt saisi, dans les réponses du garçon qu'il interrogeait, un mystère qu'il ne soupçonnait pas, et que bien d'autres que lui ignorent : c'est qu'il y a à Paris un grand nombre de femmes, de demoiselles pauvres, qui, tout en ayant dans le monde un rang convenable et quelquefois distingué, travaillent en secret pour vivre. Les marchands emploient ainsi, à bon marché, des ouvrières habiles ; mainte famille, vivant sobrement, chez qui pourtant on va prendre le thé, se soutient par les filles de la maison ; on les voit sans cesse tenant l'aiguille, mais elles ne sont pas assez riches pour porter ce qu'elles font ; quand elles ont brodé du tulle, elles le vendent pour acheter de la percale [1] : celle-là, fille de nobles aïeux, fière de son titre et de sa naissance, marque des mouchoirs ; celle-ci, que vous admirez au bal, enjouée, si coquette et si légère, fait des fleurs artificielles et paie de son travail le pain de sa mère ; telle autre, un peu plus riche, cherche à gagner de quoi ajouter à sa toilette ; ces chapeaux tout faits, ces sachets brodés qu'on voit aux étalages des boutiques, et que le passant marchande par désœuvrement, sont l'œuvre secrète, quelquefois pieuse, d'une main inconnue. Peu d'hommes consentiraient à ce métier, ils resteraient pauvres par orgueil en pareil cas ; peu de femmes s'y refusent quand elles en ont besoin, et, de celles qui le font, aucune n'en rougit. Il arrive qu'une jeune femme rencontre une amie d'enfance qui n'est pas riche et qui a

---

1. Toile de coton très fine, moins précieuse que le tulle.

besoin de quelque argent ; faute de pouvoir lui en prêter elle-même, elle lui dit sa ressource, l'encourage, lui cite des exemples, la mène chez le marchand, lui fait une petite clientèle ; trois mois après, l'amie est à son aise et rend à une autre le même service. Ces sortes de choses se passent tous les jours ; personne n'en sait rien, et c'est pour le mieux ; car les bavards qui rougissent du travail trouveraient bientôt moyen de déshonorer ce qu'il y a au monde de plus honorable.

— Combien de temps, demanda Valentin, faut-il à peu près pour faire un coussin comme celui dont je vous parle, et combien gagne l'ouvrière ?

— Monsieur, répondit le garçon, pour faire un coussin comme celui-là, il faut deux mois, six semaines environ. L'ouvrière paie sa laine, bien entendu ; par conséquent c'est autant de moins pour elle. La laine anglaise, belle, coûte dix francs la livre ; le ponceau [1], le cerise, coûtent quinze francs [2]. Pour ce coussin, il faut une livre et demie de laine au plus, et il sera payé quarante ou cinquante francs [3] à l'habile ouvrière.

IX

Quand Valentin, de retour au logis, se retrouva en face de sa causeuse, le secret qu'il venait d'apprendre produisit sur lui un effet inattendu. En pensant que madame Delaunay avait mis six semaines à faire ce coussin pour gagner deux louis, et que madame de Parnes l'avait acheté en se promenant, il éprouva un serrement de cœur étrange. La différence que la destinée avait mise entre ces deux femmes se montrait à lui, en ce moment, sous une

1. De la couleur orange du coquelicot.
2. Environ 60 euros actuels.
3. Environ 200 euros actuels.

forme si palpable, qu'il ne put s'empêcher d'en souffrir. L'idée que la marquise allait arriver, s'appuyer sur ce meuble, et traîner son bras nu sur la trace des larmes de la veuve, fut insupportable au jeune homme. Il prit le coussin et le mit dans une armoire : « Qu'elle en pense ce qu'elle voudra, se dit-il, ce coussin me fait pitié, et je ne puis le laisser là. »

Madame de Parnes arriva bientôt après, et s'étonna de ne pas voir son cadeau. Au lieu de chercher une excuse, Valentin répondit qu'il n'en voulait pas, et qu'il ne s'en servirait jamais. Il prononça ces mots d'un ton brusque et sans réfléchir à ce qu'il disait.

— Et pourquoi ? demanda la marquise.

— Parce qu'il me déplaît.

— En quoi vous déplaît-il ? Vous m'avez dit le contraire ce matin même.

— C'est possible ; il me déplaît maintenant. Combien est-ce qu'il vous a coûté ?

— Voilà une belle question ! dit madame de Parnes ; qu'est-ce qui vous passe par la tête ?

Il faut savoir que depuis quelques jours, Valentin avait appris de la mère de madame Delaunay qu'elle se trouvait fort gênée. Il s'agissait d'un terme de loyer à payer à un propriétaire avare qui menaçait au moindre retard. Valentin, ne pouvant faire, même pour une bagatelle, des offres de service qu'on n'eût pas voulu entendre, n'avait eu d'autre parti à prendre que de cacher son inquiétude. D'après ce qu'avait dit le garçon du *Père de famille*, il était probable que le coussin n'avait pas suffi pour tirer la veuve d'embarras. Ce n'était pas la faute de la marquise ; mais l'esprit humain est quelquefois si bizarre, que le jeune homme en voulait presque à madame de Parnes du prix modique de son achat, et, sans s'apercevoir du peu de convenance de sa question :

— Cela vous a coûté quarante ou cinquante francs, dit-il avec amertume. Savez-vous combien de temps on a mis à le faire ?

– Je le sais d'autant mieux, répondit la marquise, que je l'ai fait moi-même.

– Vous ?

– Moi, et pour vous j'y ai passé quinze jours : voyez si vous me devez quelque reconnaissance.

– Quinze jours, madame ? Mais il faut deux mois, et deux mois de travail assidu, pour terminer un pareil ouvrage. Vous mettriez six mois à en venir à bout, si vous l'entrepreniez.

– Vous me paraissez bien au courant ; d'où vous vient tant d'expérience ?

– D'une ouvrière que je connais, et qui certes ne s'y trompe pas.

– Eh bien ! cette ouvrière ne vous a pas tout dit. Vous ne savez pas que pour ces choses-là le plus important, ce sont les fleurs, et qu'on trouve chez les marchands des canevas préparés où le fond est rempli ; le plus difficile reste à faire, mais le plus long et le plus ennuyeux est fait. C'est ainsi que j'ai acheté ce coussin, qui ne m'a même pas coûté quarante ou cinquante francs, car ce fond ne signifie rien ; c'est un ouvrage de manœuvre pour lequel il ne faut que de la laine et des mains.

Le mot de *manœuvre* n'avait pas plu à Valentin.

– J'en suis bien fâché, répliqua-t-il ; mais ni le fond ni les fleurs ne sont de vous.

– Et de qui donc ? apparemment de l'ouvrière que vous connaissez ?

– Peut-être.

La marquise sembla hésiter un instant entre la colère et l'envie de rire. Elle prit le dernier parti, et se livrant à sa gaieté :

– Dites-moi donc, s'écria-t-elle, dites-moi donc, je vous prie, le nom de votre mystérieuse ouvrière, qui vous donne de si bons renseignements.

– Elle s'appelle Julie, répondit le jeune homme.

Son regard, le son de sa voix, rappelèrent tout à coup à madame de Parnes qu'il lui avait dit le même nom le jour où il lui avait parlé d'une veuve qu'il aimait. Comme alors, l'air de vérité avec lequel il avait répondu troubla la marquise. Elle se souvint vaguement de l'histoire de cette veuve, qu'elle avait prise pour un prétexte ; mais, répété ainsi, ce nom lui parut sérieux.

— Si c'est une confidence que vous me faites, dit-elle, elle n'est ni adroite ni polie.

Valentin ne répondit pas. Il sentait que son premier mouvement l'avait entraîné trop loin, et il commençait à réfléchir. La marquise, de son côté, garda le silence quelque temps. Elle attendait une explication, et Valentin songeait au moyen d'éviter d'en donner une. Il allait enfin se décider à parler, et essayer peut-être de se rétracter, quand la marquise, perdant patience, se leva brusquement.

— Est-ce une querelle ou une rupture ? demanda-t-elle d'un ton si violent, que Valentin ne put conserver son sang-froid.

— Comme vous voudrez, répondit-il.

— Très bien, dit la marquise, et elle sortit.

Mais cinq minutes après, on sonna à la porte : Valentin ouvrit, et vit madame de Parnes, debout sur le palier, les bras croisés, enveloppée dans sa mantille [1] et appuyée contre le mur ; elle était d'une pâleur effrayante, et prête à se trouver mal. Il la prit dans ses bras, la porta sur la causeuse [2], et s'efforça de l'apaiser. Il lui demanda pardon de sa mauvaise humeur, la supplia d'oublier cette scène fâcheuse, et s'accusa d'un de ces accès d'impatience dont il est impossible de dire la raison.

— Je ne sais ce que j'avais ce matin, lui dit-il ; une fâcheuse nouvelle que j'ai reçue m'avait irrité ; je vous ai cherché querelle sans motif ; ne pensez jamais à ce que je vous ai dit que comme à un moment de folie de ma part.

— N'en parlons plus, dit la marquise revenue à elle, et allez me chercher mon coussin.

---

1. Longue écharpe de soie ou de dentelle.
2. Petit canapé à deux places, propice aux conversations intimes.

Valentin obéit avec répugnance ; madame de Parnes jeta le coussin à terre et posa ses pieds dessus. Ce geste, comme vous pensez, ne fut pas agréable au jeune homme ; il fronça le sourcil malgré lui, et se dit qu'après tout il venait de céder par faiblesse à une comédie de femme.

Je ne sais s'il avait raison, et je ne sais non plus par quelle obstination puérile la marquise avait voulu, à toute force, obtenir ce petit triomphe. Il n'est pas sans exemple qu'une femme, et même une femme d'esprit, ne veuille pas se soumettre en pareil cas ; mais il peut arriver que ce soit de sa part un mauvais calcul, et que l'homme, après avoir obéi, se repente de sa complaisance ; c'est ainsi qu'un enfantillage devient grave quand l'orgueil s'en mêle, et qu'on s'est brouillé quelquefois pour moins encore qu'un coussin brodé.

Tandis que madame de Parnes, reprenant son air gracieux, ne dissimulait pas sa joie, Valentin ne pouvait détacher ses regards du coussin, qui, à dire vrai, n'était pas fait pour servir de tabouret. Contre sa coutume, la marquise était venue à pied, et la tapisserie de la veuve, repoussée bientôt au milieu de la chambre, portait l'empreinte poudreuse du brodequin qui l'avait foulée. Valentin ramassa le coussin, l'essuya et le posa sur un fauteuil.

— Allons-nous encore nous quereller ? dit en souriant la marquise. Je croyais que vous me laissiez faire et que la paix était conclue.

— Ce coussin est blanc ; pourquoi le salir ?

— Pour s'en servir, et, quand il sera sale, mademoiselle Julie nous en fera d'autres.

— Écoutez-moi, madame la marquise, dit Valentin. Vous comprenez très bien que je ne suis assez sot pour attacher de l'importance à un caprice ni à une bagatelle de cette sorte. S'il est vrai que le déplaisir que je ressens de ce que vous faites puisse avoir quelque motif que vous ignorez, ne cherchez pas à l'approfondir, ce sera le plus sage. Vous vous êtes trouvée mal tout à l'heure, je ne vous demande pas si cet évanouissement était bien profond ; vous avez obtenu ce que vous désiriez, n'en essayez pas davantage.

— Mais vous comprenez peut-être, répondit madame de Parnes, que je ne suis pas assez sotte non plus pour attacher à cette bagatelle plus d'importance que vous, et, s'il m'arrivait d'insister, vous comprendriez encore que je voudrais savoir jusqu'à quel point c'est une bagatelle.

— Soit, mais je vous demanderai, pour vous répondre, si c'est l'orgueil ou l'amour qui vous pousse.

— C'est l'un et l'autre. Vous ne savez pas qui je suis : la légèreté de ma conduite avec vous vous a donné de moi une opinion que je vous laisse, parce que vous ne la feriez partager à personne ; pensez sur mon compte comme il vous plaira, et soyez infidèle si bon vous semble, mais gardez-vous de m'offenser.

— C'est peut-être l'orgueil qui parle en ce moment, madame ; mais convenez donc que ce n'est pas l'amour.

— Je n'en sais rien ; si je ne suis pas jalouse, il est certain que c'est par dédain. Comme je ne reconnais qu'à M. de Parnes le droit de surveillance sur moi, je ne prétends non plus surveiller personne. Mais comment osez-vous me répéter deux fois un nom que vous devriez taire ?

— Pourquoi le tairais-je, quand vous m'interrogez ? Ce nom ne peut faire rougir ni la personne à qui il appartient ni celle qui le prononce.

— Eh bien ! achevez donc de le prononcer.

Valentin hésita un moment.

— Non, répondit-il, je ne le prononcerai pas, par respect pour celle qui le porte. La marquise se leva à ces paroles, serra sa mantille autour de sa taille, et dit d'un ton glacé : Je pense qu'on doit être venu me chercher, reconduisez-moi jusqu'à ma voiture.

X

La marquise de Parnes était plus qu'orgueilleuse, elle était hautaine. Habituée dès l'enfance à voir tous ses caprices satisfaits, négligée par son mari, gâtée par sa tante, flattée par le monde qui l'entourait, le seul conseiller qui la dirigeât, au milieu d'une liberté si dangereuse, était cette fierté native qui triomphait même des passions. Elle pleura amèrement en rentrant chez elle ; puis elle fit défendre sa porte, et réfléchit à ce qu'elle avait à faire, résolue à n'en pas souffrir davantage.

Quand Valentin, le lendemain, alla voir madame Delaunay, il crut s'apercevoir qu'il était suivi. Il l'était en effet, et la marquise eut bientôt appris la demeure de la veuve, son nom, et les visites fréquentes que le jeune homme lui rendait. Elle ne voulut pas s'en tenir là, et, quelque invraisemblable que puisse paraître le moyen dont elle se servit, il n'est pas moins vrai qu'elle l'employa, et qu'il lui réussit.

À sept heures du matin, elle sonna sa femme de chambre, elle se fit apporter par cette fille une robe de toile, un tablier, un mouchoir de coton, et un ample bonnet sous lequel elle cacha, autant que possible, son visage. Ainsi travestie, un panier sous le bras, elle se rendit au marché des Innocents[1]. C'était l'heure où madame Delaunay avait coutume d'y aller, et la marquise ne chercha pas longtemps ; elle savait que la veuve lui ressemblait, et elle aperçut bientôt devant l'étalage d'une fruitière une femme à peu près de sa taille, aux yeux noirs et à la démarche modeste, marchandant des cerises. Elle s'approcha :

— N'est-ce pas à madame Delaunay, demanda-t-elle, que j'ai l'honneur de parler ?

---

1. Situé autour de la fontaine des Innocents, le marché remplaça en 1788 l'ancien cimetière des Innocents avant d'être détruit en 1858 pour devenir un square. Il se trouve dans l'actuel 1er arrondissement de Paris (place Joachim-du-Bellay).

– Oui, mademoiselle ; que me voulez-vous ?

La marquise ne répondit pas, sa fantaisie était satisfaite et peu lui importait qu'on s'en étonnât. Elle jeta sur sa rivale un regard rapide et curieux, la toisa des pieds à la tête, puis se retourna et disparut.

Valentin ne venait plus chez madame de Parnes ; il reçut d'elle une invitation de bal imprimée, et crut devoir s'y rendre par convenance. Quand il entra dans l'hôtel, il fut surpris de ne voir qu'une fenêtre éclairée ; la marquise était seule et l'attendait. « Pardonnez-moi, lui dit-elle, la petite ruse que j'ai employée pour vous faire venir ; j'ai pensé que vous ne répondriez peut-être pas si je vous écrivais pour vous demander un quart d'heure d'entretien, et j'ai besoin de vous dire un mot, en vous suppliant d'y répondre sincèrement. »

Valentin, qui de son naturel n'était pas gardeur de rancune, et chez qui le ressentiment passait aussi vite qu'il venait, voulut mettre la conversation sur un ton enjoué, et commença à plaisanter la marquise sur son bal supposé. Elle lui coupa la parole en lui disant : « J'ai vu madame Delaunay. »

– Ne vous effrayez pas, ajouta-t-elle, voyant Valentin changer de visage ; je l'ai vue sans qu'elle sût qui j'étais et de manière qu'elle ne puisse me reconnaître. Elle est jolie, et il est vrai qu'elle me ressemble un peu. Parlez-moi franchement : l'aimiez-vous déjà quand vous m'avez envoyé une lettre qui était écrite pour elle ?

Valentin hésitait.

– Parlez, parlez sans crainte, dit la marquise. C'est le seul moyen de me prouver que vous avez quelque estime pour moi.

Elle avait prononcé ces mots avec tant de tristesse, que Valentin en fut ému. Il s'assit près d'elle, et lui conta fidèlement tout ce qui s'était passé dans son cœur.

– Je l'aimais déjà, lui dit-il enfin, et je l'aime encore : c'est la vérité.

– Rien n'est plus possible entre nous, répondit la marquise en se levant.

Elle s'approcha d'une glace, se renvoya à elle-même un regard coquet :

— J'ai fait pour vous, continua-t-elle, la seule action de ma vie où je n'aie réfléchi à rien. Je ne m'en repens pas, mais je voudrais n'être pas seule à m'en souvenir quelquefois.

Elle ôta de son doigt une bague d'or où était enchâssée une aigue-marine.

— Tenez, dit-elle à Valentin, portez ceci pour l'amour de moi ; cette pierre ressemble à une larme. Quand elle présenta sa bague au jeune homme, il voulut lui baiser la main : Prenez garde, dit-elle ; songez que j'ai vu votre maîtresse ; ne nous souvenons pas trop tôt.

— Ah ! répondit-il, je l'aime encore, mais je sens que je vous aimerai toujours.

— Je le crois, répliqua la marquise, et c'est peut-être pour cette raison que je pars demain pour la Hollande, où je vais rejoindre mon mari.

— Je vous suivrai, s'écria Valentin ; n'en doutez pas, si vous quittez la France, je partirai en même temps que vous.

— Gardez-vous-en bien, ce serait me perdre, et vous tenteriez en vain de me revoir.

— Peu m'importe ; quand je devrais vous suivre à dix lieues de distance, je vous prouverai du moins ainsi la sincérité de mon amour, et vous y croirez malgré vous.

— Mais je vous dis que j'y crois, répondit madame de Parnes avec un sourire malin : adieu donc, ne faites pas cette folie.

Elle tendit la main à Valentin, et entrouvrit, pour se retirer, la porte de sa chambre à coucher. Ne faites pas cette folie, ajouta-t-elle d'un ton léger ; ou, si vous la faisiez par hasard, vous m'écririez un mot à Bruxelles, parce que de là on peut changer de route.

La porte se ferma sur ces paroles, et Valentin, resté seul, sortit de l'hôtel dans le plus grand trouble.

Il ne put dormir de la nuit, et le lendemain, au point du jour, il n'avait encore pris aucun parti sur la conduite qu'il tiendrait. Un billet assez triste de madame Delaunay, reçu à son réveil, l'avait ébranlé sans le décider. À l'idée de quitter la veuve, son cœur se déchirait, mais, à l'idée de suivre en poste l'audacieuse et coquette marquise, il se sentait tressaillir de désir ; il regardait l'horizon, il écoutait rouler les voitures ; les folles équipées du temps passé lui revenaient en tête ; que vous dirais-je ? Il songeait à l'Italie, au plaisir, à un peu de scandale, à Lauzun déguisé en postillon[1] ; d'un autre côté, sa mémoire inquiète lui rappelait les craintes si naïvement exprimées un soir par madame Delaunay. Quel affreux souvenir n'allait-il pas lui laisser ! Il se répétait ces paroles de la veuve : *Faut-il qu'un jour j'aie horreur de vous ?*

Il passa la journée entière renfermé, et après avoir épuisé tous les caprices, tous les projets fantasques de son imagination : « Que veux-je donc ? se demanda-t-il. Si j'ai voulu choisir entre ces deux femmes, pourquoi cette incertitude ? Et, si je les aime toutes deux également, pourquoi me suis-je mis de mon propre gré dans la nécessité de perdre l'une ou l'autre ? Suis-je fou ? Ai-je ma raison ? Suis-je perfide ou sincère ? Ai-je trop peu de courage ou trop peu d'amour ? »

Il se mit à sa table, et, prenant le dessin qu'il avait fait autrefois, il considéra attentivement ce portrait infidèle qui ressemblait à ses deux maîtresses. Tout ce qui lui était arrivé depuis deux mois se représenta à son esprit : le pavillon et la chambrette, la robe d'indienne et les blanches épaules, les grands dîners et les petits déjeuners, le piano et l'aiguille à tricoter, les deux mouchoirs, le coussin brodé, il revit tout. Chaque heure de sa vie lui

---

1. Antonin Nompar de Caumont, duc de Lauzun (1633-1723), est un célèbre séducteur qui suivit *incognito* madame de Valentinois qu'il aimait grâce à un déguisement. Cette anecdote est souvent rapportée, notamment par madame de Lafayette dans son *Histoire de Madame Henriette d'Angleterre* (1720). Paul de Musset décrit les frasques de ce personnage haut en couleurs dans la biographie romancée qu'il lui consacre : *Lauzun*, Paris, Dumont, 1835.

donnait un conseil différent. Non, se dit-il enfin, ce n'est pas entre deux femmes que j'ai à choisir, mais entre deux routes que j'ai voulu suivre à la fois, et qui ne peuvent mener au même but : l'une est la folie et le plaisir, l'autre est l'amour ; laquelle dois-je prendre ? laquelle conduit au bonheur ?

Je vous ai dit, en commençant ce conte, que Valentin avait une mère qu'il aimait tendrement. Elle entra dans sa chambre tandis qu'il était plongé dans ces pensées.

– Mon enfant, lui dit-elle, je vous ai vu triste ce matin. Qu'avez-vous ? Puis-je vous aider ? Avez-vous besoin de quelque argent ? Si je ne puis vous rendre service, ne puis-je du moins savoir vos chagrins et tenter de vous consoler ?

– Je vous remercie, répondit Valentin. Je faisais des projets de voyage, et je me demandais qui doit nous rendre heureux, de l'amour ou du plaisir ; j'avais oublié l'amitié. Je ne quitterai pas mon pays, et la seule femme à qui je veuille ouvrir mon cœur est celle qui peut le partager avec vous.

D O S S I E R

Dans l'œuvre de Musset, les années 1835-1837 correspondent à une période de renouvellement sur le plan esthétique, ce dont témoigne l'écriture des *Deux Maîtresses*. Son romantisme évolue sensiblement et un renouveau poétique se perçoit dans ses œuvres. Sans renoncer tout à fait au pessimisme de ses premières créations, Musset abandonne ainsi la comédie dramatique et se tourne vers le genre très « français » du conte, de la satire et du proverbe. Molière a supplanté Shakespeare dans son inspiration, et Musset prend un peu plus ses distances avec le romantisme flamboyant de type hugolien, qu'il parodiait dès 1830. *Les Deux Maîtresses* offre ainsi la synthèse du romantisme et du « classicisme » d'Alfred de Musset.

PARADOXES D'UN ROMANTIQUE

Musset est aujourd'hui considéré comme l'un des représentants les plus originaux du romantisme français, mouvement littéraire européen complexe, et difficile à circonscrire. Rappelons cependant certains de ses grands aspects en France. Le romantisme est d'abord marqué par l'Histoire, par la Révolution, la Terreur et l'Empire. Les premiers romantiques, qui ont connu 1789 et ses suites, comme Chateaubriand ou madame de Staël, écrivent bon nombre de leurs œuvres en considérant les événements comme des couperets dans l'évolution de l'humanité. *René* (1802) marque une date essentielle de l'histoire du romantisme ; dans ce récit, Chateaubriand décrit en effet le « vague des passions », autrement dit l'ennui sans raison concrète, le mal du siècle. Mais la prégnance de l'Histoire se révèle aussi dans le goût pour le passé et dans les choix fictionnels : les romans, sous l'influence de Walter Scott, se nourrissent des épisodes les plus sanglants des XVIe et XVIIe siècles, à l'image de *Cinq-Mars* de Vigny (1826), dont l'intrigue se situe sous le règne de Louis XIII. Une telle prise de conscience historique se poursuit avec des auteurs comme Lamartine ou Hugo, ce dernier s'imposant comme le chef de file du romantisme après la publication de la « Préface » de *Cromwell* en 1827.

Dans ce manifeste esthétique, Hugo définit l'importance de la « couleur locale », mais réfléchit aussi à la question des registres et des genres. Il théorise surtout l'esthétique du « grotesque » qui, associée à celle du « sublime », caractérise la nouveauté romantique. Hugo applique ces principes dans *Hernani*, drame représenté le 25 février 1830. Il s'agit d'un véritable événement littéraire, désigné par l'expression « bataille d'*Hernani* ». La jeunesse fougueuse, entraînée par Théophile Gautier, vient défendre l'œuvre nouvelle contre les classiques ; malgré de nombreux détracteurs et une virulente campagne de presse pendant les répétitions, la pièce passe finalement la rampe et obtient un très vif succès. Le romantisme s'impose au théâtre, et Hugo confirme son rôle prépondérant dans le paysage littéraire français. Mais à la marge de ce romantisme flamboyant, se dessine une école plus sombre et plus ironique, celle que Paul Bénichou, empruntant l'expression à Balzac, nomme « l'école du désenchantement [1] ». Musset, né en 1810, a l'intime conviction de vivre entre deux époques, entre des « semences et des débris », comme il le note au chapitre II de *La Confession d'un enfant du siècle* ; aussi son romantisme se déploie-t-il entre le doute et l'ironie, l'humour

---

1. Paul Bénichou, *L'École du désenchantement. Sainte-Beuve, Nodier, Musset, Nerval, Gautier*, Paris, Gallimard, « Bibliothèque des Idées », 1992.

et l'inquiétude. Cet autre visage du romantisme donne naissance à des œuvres aussi originales que *Fantasio*, de Musset, ou *Mademoiselle de Maupin*, de Gautier.

Musset se situe volontairement en marge de ce grand mouvement culturel et littéraire qui traverse l'Europe de la seconde moitié du XVIIIᵉ siècle aux années 1850. Il se considère comme un artiste indépendant et ne participe que de loin à la fameuse « bataille d'*Hernani* ». Sur le plan politique, il n'est pas vraiment engagé. 1830 correspond pourtant à un moment charnière de l'histoire : lors de la révolution de Juillet, Charles X est renversé et Louis-Philippe lui succède avec le titre de roi des Français et non plus de roi de France. Mais Musset se tient à l'écart de l'agitation et se promène en dandy dans Paris assiégé, lors des Trois Glorieuses (27, 28, 29 juillet 1830). Cette attitude est le signe d'un pessimisme désabusé (voire d'un nihilisme avant l'heure) que les œuvres des années 1832-1837 vont magistralement exprimer, notamment *Les Deux Maîtresses* qui, sous des dehors légers, décrit un jeune oisif qui s'adonne aux plaisirs de l'amour, à défaut de s'engager socialement ou professionnellement. La nouvelle présente l'aspect le moins douloureux du désenchantement, celui du *farniente* et du plaisir immédiat. En revanche, *La Confession d'un enfant du siècle*, publié deux ans plus tôt, décrit la désespérance des temps, liée à l'incertitude de l'avenir...

> Trois éléments se partageaient donc la vie qui s'offrait alors aux jeunes gens : derrière eux un passé à jamais détruit, s'agitant encore sur des ruines, avec tous les fossiles des siècles de l'absolutisme ; devant eux l'aurore d'un immense horizon, les premières clartés de l'avenir ; entre ces deux mondes, quelque chose de semblable à l'Océan qui sépare le vieux continent de la jeune Amérique, je ne sais quoi de vague ou de flottant, une mer houleuse et pleine de naufrages, traversée de temps en temps par quelque blanche voile lointaine ou par quelque navire soufflant une lourde vapeur ; le siècle présent, en un mot, qui sépare le passé de l'avenir, qui n'est ni l'un ni l'autre et qui ressemble à tous deux à la

fois, et où l'on ne sait, à chaque pas qu'on fait, si l'on marche sur une semence ou sur un débris [1].

DE LA RÉCONCILIATION À LA SATIRE DU ROMANTISME

Comme les jeunes gens de sa génération, Musset a lu Shakespeare et Byron, et, de manière générale, il s'est passionné pour la littérature étrangère. À l'heure où les romantiques luttent contre les « perruques », c'est-à-dire les classiques, Musset veut réconcilier les parties : pour lui, les polémiques sont un peu vaines, et les auteurs du Grand Siècle comme ceux de son temps méritent d'être lus. C'est ce qu'il formule dans *Les Secrètes Pensées de Rafaël, gentilhomme français*, poésie parue en juillet 1830 :

> Salut, jeunes champions d'une cause un peu vieille,
> Classiques bien rasés, à la face vermeille,
> Romantiques barbus, aux visages blêmis !
> Vous qui des Grecs défunts balayez le rivage,
> Ou d'un poignard sanglant fouillez le moyen âge ;
> Salut ! – J'ai combattu en vos camps ennemis.
> Par cent coups meurtriers devenu respectable,
> Vétéran, je m'assois sur mon tambour crevé.
> Racine, rencontrant Shakespeare sur ma table,
> S'endort près de Boileau qui leur a pardonné [2].

Cette tentative d'harmoniser les esthétiques prend parfois le chemin de l'ironie et de la satire, deux composantes essentielles du romantisme de Musset. Dans les *Lettres de Dupuis et Cotonet*, il va plus loin et se fait observateur de son temps ; comme dans *Les Deux Maîtresses*, il étudie et analyse le comportement de ses

---

1. *La Confession d'un enfant du siècle*, éd. Maurice Allem et Paul Courant, Gallimard, « Bibliothèque de la Pléiade », 1960, p. 69.
2. *Les Secrètes Pensées de Rafaël, gentilhomme français*, in *Premières Poésies, Poésies nouvelles*, éd. citée, p. 118.

contemporains. L'humour et le ton de persiflage servent une pensée critique acérée et assumée. Ces *Lettres* paraissent dans la *Revue des Deux Mondes* à partir du 15 septembre 1836 jusqu'au 15 mai 1837, et sont donc presque contemporaines des *Deux Maîtresses*. Leur ton fantaisiste et humoristique permet à Musset d'aborder librement la définition du romantisme, objet de nombreuses polémiques.

Je vous disais que nous ne comprenions pas ce mot de romantisme. Si ce que je vous raconte vous paraît un peu usé et connu au premier abord, il ne faut pas vous effrayer, mais seulement me laisser faire ; j'ai l'intention d'en venir à mes fins. C'était donc vers 1824, ou un peu plus tard, je l'ai oublié ; on se battait dans le *Journal des Débats*[1]. Il était question de pittoresque, de grotesque, du paysage introduit dans la poésie, de l'histoire dramatisée, du drame blasonné, de l'art pur, du rythme brisé, du tragique fondu avec le comique, et du moyen âge ressuscité[2]. Mon ami Cotonet et moi, nous nous promenions devant le jeu de boules. Il faut savoir qu'à la Ferté-sous-Jouarre, nous avions alors un grand clerc d'avoué qui venait de Paris, fier et fort impertinent, ne doutant de rien, tranchant sur tout, et qui avait l'air de comprendre ce qu'il lisait. Il nous aborda, le journal à la main, en nous demandant ce que nous pensions de toutes ces querelles littéraires. Cotonet est fort à son aise, il a cheval et cabriolet ; nous ne sommes plus jeunes ni l'un ni l'autre, et, de mon côté, j'ai quelque poids ; ces questions nous révoltèrent, et toute la ville fut pour nous. Mais à dater de ce jour, on ne parla chez nous que de romantique et de classique ; madame Dupuis seule n'a rien voulu entendre ; elle dit que c'est jus-vert, ou vert-jus. Nous lûmes tout ce qui paraissait, et nous reçûmes *La Muse*[3] au cercle. Quelques-uns de nous

---

1. Quotidien important sous la Restauration et la monarchie de Juillet. Nodier et Janin en furent les collaborateurs.
2. Tous ces éléments font implicitement référence aux théories esthétiques de Hugo, élaborées dans les préfaces des *Odes et Ballades* et de *Cromwell* (1827).
3. *La Muse française* (1823-1824), une des revues pro-romantiques.

(je fus du nombre) vinrent à Paris et virent les *Vêpres* [1] ; le sous-préfet acheta la pièce, et, à une quête pour les Grecs, mon fils récita *Parthénope et l'Étrangère*, septième messénienne [2]. D'une autre part, M. Ducoudray, magistrat distingué, au retour des vacances, rapporta *Les Méditations* parfaitement reliées, qu'il donna à sa femme. Madame Javart en fut choquée ; elle déteste les novateurs ; ma nièce y allait, nous cessâmes de nous voir. Le receveur fut de notre bord ; c'était un esprit caustique et mordant, il travaillait en sous main à *La Pandore* ; [...] M. Ducoudray nous donna, vers la mi-septembre, un dîner qui fut des plus orageux ; ce fut là qu'éclata la guerre ; voici comment l'affaire arriva. Madame Javart qui porte perruque et qui s'imaginait qu'on n'en savait rien, ayant fait ce jour-là de grands frais de toilette, avait fiché dans sa coiffure une petite poignée de marabouts ; elle était à droite du receveur, et ils causaient de littérature ; peu à peu la discussion s'échauffa ; madame Javart, classique entêtée, se prononça pour l'abbé Delille ; le receveur l'appela perruque, et par une fatalité déplorable, au moment où il prononçait ce mot, d'un ton de voix passablement violent, les marabouts de madame Javart prirent feu à une bougie placée près d'elle ; elle n'en sentait rien et continuait à s'agiter, quand le receveur, la voyant tout en flammes, saisit les marabouts et les arracha ; malheureusement le toupet tout entier quitta la tête de la pauvre femme, qui se trouva tout à coup exposée aux regards, le chef complètement dégarni. Madame Javart, ignorant le danger qu'elle avait couru, crut que le receveur la décoiffait pour ajuster le geste à la parole, et comme elle était en train de manger un œuf à la coque, elle le lui lança au visage ; le receveur en fut aveuglé ; le jaune couvrait sa chemise et son gilet, et n'ayant voulu que rendre un service, il fut impossible de l'apaiser, quelque effort qu'on fît pour cela. Madame Javart, de son côté, se leva en fureur ; elle traversa toute la ville sa perruque à la main, malgré les prières de sa servante, et perdit connaissance en rentrant chez elle. Jamais elle n'a voulu croire que

---

1. Il s'agit des *Vêpres siciliennes*, tragédie de Casimir Delavigne créée avec succès en 1819 à l'Odéon. Cette pièce est parfois considérée comme l'une des premières tentatives romantiques à la scène.

2. *Les Messéniennes* sont un recueil poétique néoclassique de Casimir Delavigne, publié en 1818.

le feu eût pris à ses marabouts ; elle soutient encore qu'on l'a outragée de la manière la plus inconvenante, et vous pensez le bruit qu'elle en a fait. Voilà, monsieur, comment nous devînmes romantiques à la Ferté-sous-Jouarre [1].

CÔTÉ SCÈNE

Le romantisme mondain des *Deux Maîtresses* est également perceptible dans le théâtre de Musset. *Le Chandelier* (1835), *Il ne faut jurer de rien* (1836) et *Un caprice* (1837) témoignent d'un renouvellement de l'inspiration. Après avoir puisé chez Shakespeare et Schiller, Musset renoue ainsi avec la tradition française de la comédie de mœurs aux dialogues vifs et enlevés. Les conversations qui figurent dans *Les Deux Maîtresses* ne laissent pas de rappeler celles des comédies des années 1835-1840. On y commente l'actualité, le romantisme se fait plus spirituel que dramatique.

Cette évolution dans le choix des modèles littéraires fait naître des œuvres plus satiriques, plus moralistes aussi, moins dramatiques. *Il ne faut jurer de rien*, à mi-chemin entre le proverbe et la comédie romanesque, impose Musset comme un observateur des mœurs de son temps. La première scène de la pièce expose traditionnel-lement les enjeux de l'intrigue, mais elle brosse aussi le tableau des habitudes de vie de Valentin Van Buck, « cousin germain » du héros des *Deux Maîtresses*. Musset y déploie son sens de la formule et du trait spiri-tuel ; il y peint aussi un tableau de la société sous Louis-Philippe, tout en proposant un programme assez libre pour l'éducation des femmes.

VAN BUCK. Fi donc ! Mademoiselle de Mantes est sage et bien élevée ; c'est une bonne petite fille.

---

1. A. de Musset, *Lettres de Dupuis et Cotonet*, in *Œuvres complètes en prose*, éd. citée, p. 820-821.

VALENTIN. À Dieu ne plaise que j'en dise du mal ! elle est sans doute la meilleure du monde. Elle est bien élevée, dites-vous ? Quelle éducation a-t-elle reçue ? La conduit-on au bal, au spectacle, aux courses de chevaux ? Sort-elle seule en fiacre, le matin, à midi, pour revenir à six heures ? A-t-elle une femme de chambre adroite, un escalier dérobé ? A-t-elle vu *La Tour de Nesle*[1], et lit-elle les romans de M. de Balzac ? La mène-t-on, après un bon dîner, les soirs d'été, quand le vent est au sud, voir lutter aux Champs-Élysées dix ou douze gaillards nus aux épaules carrées[2] ? A-t-elle pour maître un beau valseur, grave et frisé, au jarret prussien[3], qui lui serre les doigts quand elle a bu un punch ? Reçoit-elle des visites en tête à tête, l'après-midi, sur un sopha élastique, sous le demi-jour d'un rideau rose ? A-t-elle à sa porte un verrou doré, qu'on pousse du petit doigt en tournant la tête, et sur lequel retombe mollement une tapisserie sourde et muette ? Met-elle son gant dans son verre lorsqu'on commence à passer le champagne ? Fait-elle semblant d'aller au bal de l'Opéra, pour s'éclipser un quart d'heure et courir chez Musard[4] et revenir bâiller ? Lui a-t-on appris, quand Rubini[5] chante, à ne montrer que le blanc de ses yeux, comme une colombe amoureuse ? Passe-t-elle l'été à la campagne chez une amie pleine d'expérience, qui en répond à sa famille, et qui, le soir, la laisse au piano, pour se promener sous les charmilles, en chuchotant avec un hussard ? Va-t-elle aux eaux ? A-t-elle des migraines ?

---

1. Célèbre drame d'Alexandre Dumas (écrit en collaboration avec Gaillardet), représenté au théâtre de la Porte-Saint-Martin, en 1832. Sur fond historique, l'intrigue mêle violences et inceste. Elle fit scandale et inspira plusieurs drames romantiques de la même veine. Voir notre ouvrage, *Des feux dans l'ombre. La représentation de la mort sur la scène romantique*, Paris, Honoré Champion, 2009.
2. À l'époque de Musset, les Champs-Élysées étaient un lieu de promenade et de divertissements pour les Parisiens qui pouvaient y danser et assister à diverses attractions en plein air.
3. La valse est d'origine allemande. Musset lui rend hommage dans son poème « À la mi-carême ».
4. Musard est un compositeur de musiques à danser, célèbre pour son bal qu'il dirigeait de la baguette, rue Vivienne, à quelques pas de l'Opéra, situé rue Le Peletier.
5. Célèbre ténor italien (1795-1854) qui chanta notamment les premiers rôles des opéras de Rossini que Musset appréciait particulièrement.

VAN BUCK. Jour de Dieu ! qu'est-ce que tu dis là !

VALENTIN. C'est que si elle ne sait rien de tout cela, on ne lui a pas appris grand-chose ; car, dès qu'elle sera femme, elle le saura, et alors qui peut rien prévoir ?

VAN BUCK. Tu as de singulières idées sur l'éducation des femmes. Voudrais-tu pas qu'on les suivît ?

VALENTIN. Non ; mais je voudrais qu'une jeune fille fût une herbe dans un bois, et non une plante dans une caisse. Allons, mon oncle, venez aux Tuileries et ne parlons plus de tout cela [1].

UN BOUDOIR ROMANTIQUE

Dans *Un caprice*, publié quelques mois avant *Les Deux Maîtresses*, Musset pénètre dans un salon parisien et décortique, sur le mode de la conversation mondaine, les cœurs de trois protagonistes. Mathilde est l'épouse de Chavigny depuis un an et déjà elle se sent délaissée. Elle confie ses inquiétudes à son amie, madame de Léry qui, en femme expérimentée, met l'époux volage à l'épreuve des mots et de la séduction. Musset, comme dans *Les Deux Maîtresses*, installe un dialogue spirituel entre les sexes, de manière à distiller quelques vérités sur le couple, sur l'amour et sur la condition des femmes.

MADAME DE LÉRY. Je ne vous avais jamais vu jaloux, mais vous l'êtes comme un Othello [2].

CHAVIGNY. Pas le moins du monde ; je ne peux pas souffrir qu'on se gêne, ni qu'on gêne les autres en rien. Comment voulez-vous que je sois jaloux ?

MADAME DE LÉRY. Par amour-propre, comme tous les maris.

CHAVIGNY. Bah ! propos de femme. On dit : « Jaloux par amour-propre », parce que c'est une phrase toute faite,

---

1. A. de Musset, *Il ne faut jurer de rien*, acte I, scène I, éd. Frank Lestringant, Paris, Le Livre de Poche, 2008, p. 47-48.
2. Dans le drame de Shakespeare, le traître Iago éveille les soupçons puis la jalousie d'Othello sur la fidélité de son épouse, Desdémone, qui finit assassinée par son époux, bien qu'elle soit innocente.

comme on dit : « Votre très humble serviteur. » Le monde est bien sévère pour ces pauvres maris.

MADAME DE LÉRY. Pas tant que pour ces pauvres femmes.

CHAVIGNY. Oh ! mon Dieu, si. Tout est relatif. Peut-on permettre aux femmes de vivre sur le même pied que nous ? C'est d'une absurdité qui saute aux yeux. Il y a mille choses très graves pour elles, qui n'ont aucune importance pour un homme.

MADAME DE LÉRY. Oui, les caprices par exemple.

CHAVIGNY. Pourquoi pas ? Eh bien ! oui, les caprices. Il est certain qu'un homme peut en avoir, et qu'une femme...

MADAME DE LÉRY. En a quelquefois. Est-ce que vous croyez qu'une robe est un talisman qui en préserve ?

CHAVIGNY. C'est une barrière qui doit les arrêter.

MADAME DE LÉRY. À moins que ce ne soit un voile qui les couvre. J'entends marcher. C'est Mathilde qui rentre.

CHAVIGNY. Oh ! que non ; il n'est pas minuit.

(*Un domestique entre et remet un petit paquet à M. de Chavigny*)[1].

Un caprice va plus loin encore qu'*Il ne faut jurer de rien* dans le subtil maniement du dialogue. S'y déploient des conversations et des mondanités qu'on retrouve dans *Les Deux Maîtresses*. La dynamique spirituelle qui anime les deux pièces de 1836 et 1837 se double d'une réflexion sur les enjeux de l'engagement sentimental, sur la peur d'aimer.

LE ROMANTISME DU CŒUR, ALFRED ET AIMÉE...

À l'image de Valentin, Musset a parfois éprouvé des difficultés à exprimer l'indicible. Souvent ses histoires d'amour commencent par un poème : avec George Sand, en 1833, puis avec madame Jaubert, en 1835, il recourt à ce même subterfuge. Dans le poème « À Ninon », adressé à madame Jaubert au printemps 1835, il revient sur le thème de l'aveu impossible et de la difficulté de dire les

---

1. A. de Musset, *Un caprice*, sc. 8, in *Théâtre complet*, éd. citée, p. 440.

sentiments avec les mots. Ce *topos*, également présent dans *Les Deux Maîtresses*, est illustré par le dessin que réalise Valentin. Le romantisme mondain de Musset est un jeu avec les différentes formes de langages, poétiques et plastiques.

Une telle manière d'exprimer l'amour déborde de la fiction et se déverse dans la correspondance que Musset échange avec Aimée d'Alton. Il la surnomme sa « Nymphe Poupette », il lui adresse de petits dessins. Entre eux se tisse ainsi une relation tendre et ludique. Au cours de l'année 1837, les amants échangent des lettres amoureuses et de nombreux billets qui fixent leurs rendez-vous. Dans ses lettres, Musset fait preuve d'humour et d'esprit, tout en évoquant avec une certaine lucidité la difficulté qu'il éprouve à concilier une soif d'indépendance et une relation amoureuse stable. Les lettres à Aimée d'Alton, moins célèbres sans doute que celles adressées à George Sand, recèlent de nombreuses réflexions et pensées sur l'amour, sur le rapport parfois compliqué entre les femmes et les hommes.

[...] Parlons maintenant raison.

Je crois vous aimer, enfant, et je ne me trompe pas. Votre santé, dites-vous, est un obstacle invincible ; je n'en connais pas à l'amour. Quant à la femme plus âgée que moi, au visage de plus en plus sérieux et à la condamnation permettez-moi de dire à ma vieille amie de 25 ans que j'en ai 26 – que je crois son cœur très sérieux, mais son jeune et charmant visage très gai et très couleur-de-rose ; qu'une chaise longue n'est pas un si vilain meuble pour en dire du mal – que pour les talents, vous avez le premier de tous, celui d'être belle, et que pour l'esprit, ce qui fait le charme et l'attrait irrésistible du vôtre, c'est précisément ce mélange de gaieté et de sérieux, de vivacité et de langueur.

Enfant, le bonheur est fait pour vous, s'il est fait pour quelqu'un au monde –

Vous connaissez mon caractère, dites-vous, vous vous trompez à votre tour. Je suis plus vieux que vous d'un an par l'âge, et par l'expérience de dix ans. Que ce mot expérience ne vous fasse pas sourire ; mon expérience n'est pas grand'chose ; laissez-moi vous dire ce qu'elle m'a appris.

Faire de beaux rêves et vouloir les réaliser est la première et inévitable condition des grands cœurs. Il faut cependant qu'en entrant dans la vie la réalité et ses mille dégoûts frappent tôt ou tard l'espérance encore vierge, et l'abattent au plus haut de son vol. Ce n'est pas une phrase de moraliste que je dis là, c'est une vérité éternelle – La première expérience, Aimée, consiste à souffrir, elle consiste à trouver et à sentir que les rêves *absolus* ne se réalisent presque jamais ; ou que réalisés, ils se flétrissent et meurent au contact des choses de ce monde.

Un sentiment d'amère réflexion est donc le résultat de cette première épreuve. Le cœur, blessé dans son essence même, dans son premier élan, saigne et tremble, à jamais déchiré.

Cependant on vit et il faut aimer pour vivre encore ; on aime avec crainte, avec défiance, et peu à peu on regarde autour de soi, et on s'aperçoit que la vie n'est pas aussi triste qu'on l'avait jugée, on revient à soi, on revient au bonheur, à Dieu, à la Vérité. Le cœur, plus ferme, accepte les obstacles, les chagrins, les dégoûts même ; sûr de lui, il les prévoit, les combat et les change quelquefois en biens. Plus résigné, il jouit mieux des jours heureux, les appelle avec plus d'ardeur, les prolonge avec plus de soin. Il en vient enfin à se dire : le mal n'est rien puisque le bonheur existe. […][1].

---

1. Lettre à Aimée d'Alton (31 mars 1837), *Correspondance d'Alfred de Musset (1826-1839)*, éd. citée, p. 196-197.

Le dandysme, avant d'envahir la littérature des années 1830, est d'abord un phénomène social et culturel. Musset, considéré comme un dandy pour son élégance impertinente et ses manières aristocratiques, a donné à ses personnages la morgue des *fashionable* [1] et l'apparence des Lions du boulevard. *Les Deux Maîtresses* devait initialement s'ouvrir sur une description d'un des hauts-lieux du dandysme parisien : le boulevard de Gand, assidûment fréquenté par Musset, où s'alignaient les cafés tapageurs dans lesquels se retrouvait une multitude oisive. Finalement, Musset préféra ne pas commencer son récit par cette longue description, mais entrer immédiatement dans le vif du sujet. Ce n'est que le 22 août 1896 que ce texte fut publié dans *Le Gaulois*. Il décrit les lieux fréquentés par Valentin et par toute la jeunesse dorée des années 1830.

L'espace compris entre la rue Grange-Batelière et celle de la Chaussée d'Antin, n'a pas, comme vous savez, Madame, plus d'une portée de fusil de long. C'est un endroit plein de boue en hiver, et de poussière en été. Quelques marronniers qui y donnaient de l'ombre ont été abattus à l'époque des barricades [2]. Il n'y reste pour ornement que cinq ou six arbrisseaux et autant de lanternes. D'ailleurs, rien qui mérite l'attention, et il n'existe aucune raison de s'asseoir là plutôt qu'à toute autre place du boulevard, qui est aussi long que Paris.

Ce petit espace, plein de poussière et de boue, est cependant un des lieux les plus agréables qui soient au monde. C'est un des points rares sur la terre où le plaisir s'est concentré. Le

---

1. De l'anglais *fashion* (mode) ; désigne un jeune homme bien mis.
2. Il s'agit des barricades dressées lors des émeutes de juillet 1830.

Parisien y vit, le provincial y accourt, l'étranger qui y passe s'en souvient comme de la rue de Tolède à Naples [1], comme autrefois de la Piazetta à Venise [2]. Restaurants, cafés, théâtres, bains, maisons de jeu, tout s'y presse ; on a cent pas à faire : l'univers est là. De l'autre côté du ruisseau ce sont les Grandes-Indes.

Vous ne connaissez sûrement pas, Madame, les mœurs de ce pays étrange qu'on a nommé le boulevard de Gand [3]. Il ne commence guère à remuer qu'à midi. Les garçons de café servent dédaigneusement quiconque déjeune avant cette heure. C'est alors qu'arrivent les dandys ; ils entrent à Tortoni [4] par la porte de derrière, attendu que le perron est envahi par les barbares, c'est-à-dire les gens de la Bourse. Le monde dandy, rasé et coiffé, déjeune jusqu'à deux heures, à grand bruit, puis s'envole en bottes vernies. Ce qu'il fait de sa journée est impénétrable : c'est une partie de cartes, un assaut d'armes, mais rien n'en transpire au-dehors et je ne vous le confie qu'en secret.

Le boulevard de Gand, pendant le jour, est donc livré à la foule qui s'y porte depuis trois heures environ jusqu'à cinq. Tandis que les équipages poudreux règnent glorieusement sur la chaussée, la foule ignorante ne se promène que du beau côté parce que le soleil y donne. Quelle pitié ! Il n'en faut pas moins remarquer en passant la taille fine de la grisette, la jolie maman qui traîne son marmot, le classique fredon du flâneur et le panache de la demoiselle qui sort de sa répétition. À cinq heures, changement complet : tout se vide et reste désert jusqu'à six heures ; alors les habitués de chaque restaurant paraissent peu à peu et se dirigent vers leurs mondes planétaires. Le rentier, amplement vêtu, s'achemine vers le Café Anglais avec son billet de stalle dans sa poche, le courtier bien brossé, le demi *fashionable* vont s'attabler chez Hardy ; de quelques lourdes voitures de remise débarquent de longues familles anglaises qui entrent au Café de Paris sur la foi d'une mode oubliée ; les cabinets du Café

---

1. Artère centrale de Naples, la rue de Tolède était connue pour son animation constante. Elle fut rebaptisée en 1870 via Roma.
2. Littéralement « petite place ». Lieu célèbre de Venise que Musset visita lors de son séjour avec George Sand, en 1834.
3. Voir note 1, p. 47.
4. Voir note, p. 82.

Douix[1] voient arriver deux ou trois parties fines, visages joyeux, mais inconnus. Le Club de l'Union s'illumine et les équipages s'y arrêtent ; les dandys sautillent çà et là avant d'entrer au Jockey Club[2]. À sept heures, nouveau désert ; quelques journalistes prennent le café pendant que tout le monde dîne. À huit heures et demie, fumée générale ; cent estomacs digèrent et cent cigares brûlent ; les voitures roulent, les bottes craquent, les cannes reluisent, les chapeaux sont de travers, les gilets regorgent, les chevaux caracolent ; c'est le beau moment. Les femmes, que la fumée suffoque et qui abhorrent cet affreux tabac, arrivent à point nommé, cela va sans dire ; elles se pressent, s'entassent, toussent et bavardent ; le monde dandy s'envole de nouveau ; ces messieurs sont au théâtre et ces dames pirouettent. À dix heures, les fumeurs ne restent plus qu'en petit nombre, et les femmes, qui commencent à respirer, s'en vont.

La compagnie, qui était plus que mêlée, devient de plus en plus mauvaise ; on entend, dans la solitude, le crieur du journal du soir ; les désœuvrés seuls tiennent bon. À onze heures et demie les spectacles se vident ; on se casse le cou devant Tortoni pour prendre une glace avant de s'aller coucher ; il s'en avale mille dans une soirée d'été. À minuit un dandy égaré reparaît un instant ; il est brisé de sa journée, il se jette sur une chaise, étend son pied sur une autre, avale un verre de limonade en bâillant, tape sur une épaule quelconque, en manière d'adieu, et s'éclipse. L'homme au gaz arrive, tout s'éteint. Quelques groupes restent encore ; on se sépare en fumant, au clair de la lune ; une heure après, pas une âme ne bouge et trois ou quatre fiacres patients attendent seuls devant le Café Anglais des soupeurs qui ne sortiront qu'au jour.

Voilà, Madame, le fidèle portrait du boulevard de Gand. Et, me direz-vous peut-être, quels plaisirs extraordinaires y trouve-t-on ? Il faut savoir d'abord que c'est un paradis masculin et que, par conséquent, il me serait difficile de vous le faire comprendre. Je ne vous ai peint que le dehors. Ce qu'il faudrait vous montrer maintenant, c'est le dedans, l'intérieur

---

1. Café à la mode, situé au n° 2 du boulevard des Italiens.
2. Fondé en 1834 par les fils de Louis-Philippe, le Jockey Club est un des hauts lieux de l'élégance parisienne. Il fut fréquenté par les jeunes gens de familles aristocratiques ainsi que par de célèbres dandys.

des indigènes, l'âme du boulevard en un mot, et comment m'y prendrai-je ?

Si je vous dis que, pour un jeune homme, il peut y avoir une exquise jouissance à mettre une botte qui lui fait mal au pied, vous allez rire. Si je vous dis qu'un cheval d'allure douce et commode, passablement beau, restera peut-être chez le marchand, tandis qu'on se précipitera sur une méchante bête qui va ruer à chaque coin de rue, vous ne voudrez pas me croire. Si je vous dis qu'assister régulièrement à toutes les premières représentations, manger des fraises presque avant qu'il n'y en ait, prendre une prise de tabac au rôti, savoir de quoi on parle et quand on doit rire, et quelle est la dernière histoire d'une coulisse, parier n'importe quoi sur le plus cher possible et payer le lendemain en souriant, tutoyer son domestique et ne pas savoir le nom de son cocher, sentir le jasmin et l'écurie, lire le journal au spectacle aux endroits qu'il faut et à propos jouer le distrait et l'affairé en regardant les mouches, boire énormément ou pas du tout, couronner les femmes d'un air ennuyé avec une rose de Tivoli à sa boutonnière, avoir enfin pour maîtresse une belle dame qui montre pour trois francs à tout un parterre ce qu'il y a de plus secret dans tout son ménage ; si je vous dis que c'est là le bonheur suprême, vous allez vous moquer de moi.

Eh bien ! vous avez tort ; je vous assure que c'est la vérité.

Une botte qui fait mal va presque toujours bien ; un méchant cheval peut être plus beau qu'un autre ; à une première représentation, s'il n'y a pas d'esprit dans la pièce, il y a du monde pour l'écouter ; rien n'est si doux qu'une primeur quelconque ; une prise de tabac fait trouver le gibier plus succulent ; rire, bavarder, parier et payer sont choses louables et permises à tous ; l'odeur de l'écurie est saine et celle du jasmin délectable ; tutoyer les gens donne de la grandeur ; l'air ennuyé ne déplaît point aux dames, et une femme qui vaut la peine qu'on aille au parterre, quel que soit le prix de la place, est assurément digne de faire le bonheur d'un homme distingué.

Nous ne nous entendons pas, n'est-il pas vrai ? C'est ce qui fait, Madame, que je n'essaierai pas de vous faire goûter les charmes du boulevard de Gand, et que je suis obligé de m'en tenir à ce que je vous ai dit tout à l'heure : c'est un des lieux les plus agréables qui soient au monde.

Un jeune homme, nommé Valentin, s'y promenait beaucoup il y a deux ans. Ce préambule n'est que pour l'introduire [1].

L'Être et le Paraître :
regard de Balzac sur le dandysme

Le dandy ne cultive pas seulement les apparences et n'a pas que le souci du détail vestimentaire : tout ce qu'il montre extérieurement a un sens, du nœud de sa cravate au regard distant qu'il porte sur les choses. Musset, dans sa posture d'auteur en marge du romantisme, est dandy par son indépendance intellectuelle, mélange de défiance et de mépris pour la littérature de son temps :

> Sans cesser de cultiver l'impertinence, Musset est en quête d'images plus aventureuses, plus tragiques aussi : dignes d'accompagner un changement de registre. Comme Byron qui, en ses parages, reste son modèle, tout son effort consiste à définir une attitude littéraire prenant le contre-pied de l'idée courante qu'on se fait de l'écrivain : un professionnel de l'écriture vivant à l'abri de la vie et de ses dangers [2].

Selon Marie-Christine Natta, les dandys, « héros modernes ou héros nostalgiques, renforcent leur pouvoir en se mettant à distance et en ritualisant leur relation à autrui [3] ». C'est pourquoi ce type de personnage, mystérieux et distant, intéresse les romanciers qui observent les

1. Ce fragment figure dans les documents de Maurice Clouard sur Alfred de Musset : « Valentin. Avant propos inédit de : *Les Deux Maîtresses*. 1837 », in *L'Œuvre d'Alfred de Musset II*, Fonds Spoelberch de Lovenjoul, F 1014, f°39.
2. José-Luis Diaz, *L'Écrivain imaginaire. Scénographies auctoriales à l'époque romantique*, Paris, Honoré Champion, 2007, p. 432. Voir en particulier le chapitre « Portait de Musset en viveur ».
3. *La Grandeur sans convictions. Essai sur le dandysme*, Paris, Éditions du Félin, 1991, p. 89.

mœurs de leur temps et dépeignent la société. Balzac décrit ainsi avec précision l'*ethos* de dandys et compare les jeunes provinciaux qui atteignent Paris pour chercher fortune aux jeunes élégants de la capitale. Dans *Illusions perdues*, Lucien de Rubempré, venu de sa Charente natale, mesure tout le décalage qu'il y a entre sa tenue de provincial et celle des Lions des Tuileries. Cette prise de conscience ne se situe pas seulement au niveau de la mode : il s'agit d'une révélation morale plus profonde qui annonce, dans une certaine mesure, l'impossibilité où il est de dépasser sa condition. La réflexion sur le dandysme apparaît dès lors comme un « repoussoir psychologique ». Dans cet extrait d'*Illusions perdues*, Lucien fait la douloureuse expérience de sa mise en constatant que les dandys des Tuileries ont des rites et des habitudes auxquels il n'a pas encore accès.

Il s'élança vers les Tuileries en rêvant de s'y promener jusqu'à l'heure où il irait dîner chez Véry. Voilà Lucien gabant, sautillant, léger de bonheur qui débouche sur la terrasse des Feuillants et la parcourt en examinant les promeneurs, les jolies femmes avec leurs adorateurs, les élégants, deux par deux, bras dessus bras dessous, se saluant les uns les autres par un coup d'œil en passant. Quelle différence de cette terrasse avec Beaulieu ! Les oiseaux de ce magnifique perchoir étaient autrement jolis que ceux d'Angoulême ! C'était tout le luxe de couleurs qui brille sur les familles ornithologiques des Indes ou de l'Amérique, comparé aux couleurs grises des oiseaux de l'Europe. Lucien passa deux cruelles heures dans les Tuileries : il y fit un violent retour sur lui-même et se jugea. D'abord il ne vit pas un seul habit à ces jeunes élégants. S'il apercevait un homme en habit, c'était un vieillard hors la loi, quelque pauvre diable, un rentier venu du Marais, ou quelque garçon de bureau. Après avoir reconnu qu'il y a une mise du matin et une mise du soir, le poète aux émotions vives, au regard pénétrant, reconnut la laideur de sa défroque, les défectuosités qui frappaient de ridicule son habit dont la coupe était passée de mode, dont le bleu était faux, dont le collet était outrageusement disgracieux, dont les basques de devant, trop longtemps portées, penchaient l'une vers l'autre ; les boutons avaient rougi, les plis dessinaient de fatales lignes blanches. Puis son gilet était trop court et la façon si grotesquement provinciale que, pour le cacher, il boutonna brusquement son habit. Enfin il ne voyait de pantalon de nankin qu'aux gens communs. Les gens comme il faut portaient de délicieuses étoffes de fantaisie ou le blanc toujours irréprochable ! D'ailleurs tous les pantalons étaient à sous-pieds, et le sien se mariait très mal avec les talons de ses bottes, pour lesquelles les bords de l'étoffe recroquevillée manifestaient une violente antipathie. Il avait une cravate blanche à bouts brodés par sa sœur, qui, après en avoir vu de semblables à monsieur de Hautoy, à monsieur de Chandour, s'était empressée d'en faire de pareilles à son frère. Non seulement personne, excepté les braves gens, quelques vieux financiers, quelques sévères administrateurs, ne portait de cravate blanche le matin ; mais encore le pauvre Lucien vit passer de l'autre côté de la grille, sur le trottoir de la rue de Rivoli, un garçon épicier tenant panier sur sa tête, et sur qui l'homme d'Angoulême surprit deux bouts de cravate brodés par la main de quelque grisette adorée. À cet aspect, Lucien reçut un coup à la poitrine, à cet organe encore mal défini où se réfugie notre sensibilité, où, depuis qu'il existe des sentiments, les hommes portent la main, dans les joies comme dans les douleurs excessives. Ne taxez pas ce récit de puérilité ! [...] La question du costume est d'ailleurs énorme chez ceux qui veulent paraître avoir ce qu'ils n'ont pas ; car c'est souvent le meilleur moyen de le posséder plus tard [1].

Le paraître du dandy influe sur son être et inversement, jusque parfois dans des détails incongrus et fantaisistes. Pour entrer dans le monde, le héros doit savoir se plier aux habitudes d'une société où chaque geste, chaque parole est un signe à interpréter. Ainsi, dans son texte sur la cravate, publié en 1830, Balzac décrit le jeu subtil entre les codes, les catégories de personnes, et, finalement, les rouages d'une société compartimentée.

1. Honoré de Balzac, *Illusions perdues*, éd. Patrick Berthier, Paris, Le Livre de Poche, 2006, p. 219-220.

Considérés sous le rapport de la cravate, les hommes se divisent naturellement en trois grandes catégories.

D'abord, pour commencer par celle qui mérite le moins notre attention, se présente cette classe nombreuse d'hommes qui portent la cravate sans la sentir, ni la comprendre, qui, chaque matin, tournent un morceau d'étoffe autour de leur cou, comme on fait d'une corde ; puis, tout le jour se promènent, mangent, vaquent à leurs affaires, et le soir, se couchent et s'endorment sans scrupule, sans remords, parfaitement satisfaits d'eux-mêmes, comme si leur cravate eût été mise le mieux du monde. Gens sans actualité, continuant le XVIIIe siècle au milieu du XIXe siècle ; anachronismes vivants, trop nombreux, hélas ! à la honte du siècle de lumière, et que nous ne mentionnons ici que pour mémoire ; car, relativement à la cravate, ce sont des êtres négatifs.

Au-dessus d'eux, immédiatement, viennent ceux qui entrevoient ce qu'il y a de bien dans la cravate et ce qu'on peut en faire, mais qui, n'en pouvant tirer aucun parti par eux-mêmes, sont réduits à copier autrui. Esprits étroits, stériles, sans imagination, sans une seule idée à eux, ils étudient chaque jour le nœud qu'ils reproduiront le lendemain. Quelle estime faire de ce *servum pecus* [1] de la cravate ? Je les comparerai à ces hommes frivoles qui cherchent chaque matin, dans les gazettes, les idées qu'ils auront toute la journée, ou aux mendiants qui vivent des charités d'autrui.

Au premier rang, enfin, se placent ces hommes forts et solides par eux-mêmes, qui sentent et comprennent la cravate, qui la comprennent dans ce qu'elle a d'essentiel et d'intime, avec cette énergie d'intelligence, cette puissance de génie, départies à ces mortels privilégiés *quos aequus amavit Jupiter* [2]. Ceux-là n'ont ni maîtres ni modèles, ils trouvent en eux de grandes, de nobles ressources ; ils n'écoutent qu'eux-mêmes, ils sont véritablement créateurs. Car la cravate ne vit que d'originalité et de naïveté ; l'imitation, l'assujettissement aux règles la décolorent, la glacent, la tuent. Ce n'est ni par étude ni par travail qu'on arrive à bien ; c'est spontanément, c'est d'instinct, d'inspiration que se met la cravate. Une

_____

1. Troupeau servile.
2. « Les hommes qu'en petit nombre Jupiter a aimés », c'est-à-dire les élus, les *happy few*.

cravate bien mise, c'est un de ces traits de génie qui se sentent, qui s'admirent, mais ne s'analysent ni ne s'enseignent. Aussi, j'ose le dire avec toute la force de la conviction, la cravate est romantique dans son essence ; du jour où elle subira des règles générales, des principes fixes, elle aura cessé d'exister [1].

BAUDELAIRE, PRINCE DES DANDYS

L'intérêt pour le dandysme se poursuit au-delà du romantisme, jusque dans les principes d'esthètes de fiction comme Jean des Esseintes, héros d'*À rebours* de Huysmans (1884), ou lord Henri, l'un des principaux protagonistes du *Portrait de Dorian Gray* (1890).

C'est Baudelaire qui, dans sa réflexion sur l'artiste et sur le rôle de l'art dans la société, revient de façon suggestive sur la figure du dandy pour l'ériger en symbole de la modernité. Il considère en effet le « phénomène dandy » dans une perspective de révolte contre les valeurs qu'il juge bourgeoises. Selon lui, le dandy est un esthète, et c'est pourquoi il voit en lui une « caste supérieure » parmi les hommes.

Que ces hommes se fassent nommer raffinés, incroyables, beaux, lions ou dandies, tous sont issus d'une même origine ; tous participent du même caractère d'opposition et de révolte ; tous sont des représentants de ce qu'il y a de meilleur dans l'orgueil humain, de ce besoin, trop rare chez ceux d'aujourd'hui, de combattre et de détruire la trivialité. De là naît, chez les dandies, cette attitude hautaine de caste provocante, même dans sa froideur : Le dandysme apparaît surtout aux époques transitoires où la démocratie n'est pas encore toute-puissante, où l'aristocratie n'est que partiellement chancelante et avilie. Dans le trouble de ces époques quelques hommes déclassés, dégoûtés, désœuvrés, mais tous

---

1. Honoré de Balzac, *De la cravate, considérée en elle-même et dans ses rapports avec la société et l'individu. Des habits rembourrés, Le Congru et l'incongru*, 1976, p. 4 *sqq*.

riches de force native, peuvent concevoir le projet de fonder une espèce nouvelle d'aristocratie, d'autant plus difficile à rompre qu'elle sera basée sur les facultés les plus précieuses, les plus indestructibles, et sur les dons célestes que le travail et l'argent ne peuvent conférer. Le dandysme est le dernier éclat d'héroïsme dans les décadences ; et le type du dandy retrouvé par le voyageur dans l'Amérique du Nord n'infirme en aucune façon cette idée : car rien n'empêche de supposer que les tribus que nous nommons sauvages soient les débris de grandes civilisations disparues. Le dandysme est un soleil couchant ; comme l'astre qui décline, il est superbe, sans chaleur et plein de mélancolie. Mais, hélas ! la marée montante de la démocratie, qui envahit tout et qui nivelle tout, noie jour à jour ces derniers représentants de l'orgueil humain et verse des flots d'oubli sur les traces de ces prodigieux mirmidons. Les dandies se font chez nous de plus en plus rares, tandis que chez nos voisins, en Angleterre, l'état social et la constitution (la vraie constitution, celle qui s'exprime par les mœurs) laisseront longtemps encore une place aux héritiers de Sheridan [1], de Brummell [2] et de Byron [3], si toutefois il s'en présente qui en soient dignes. [...] Le caractère de beauté du dandy consiste surtout dans l'air froid qui vient de l'inébranlable résolution de ne pas être ému ; on dirait un feu latent qui se fait deviner, qui pourrait mais qui ne veut pas rayonner. C'est ce qui est, dans ces images, parfaitement exprimé [4].

---

1. Poète et dramaturge irlandais (1751-1816).
2. Le plus célèbre des dandys. George Brummell (1778-1840), surnommé « Beau Brummell », fut l'ami du prince, futur roi George IV. Il apportait un soin tout particulier à sa mise et donna leurs lettres de noblesse à la cravate et au costume. Jules Barbey d'Aurevilly lui a consacré un essai, paru en 1845, *Du dandysme & de George Brummell*, dans lequel il étudie le fameux dandy anglais dans une perspective morale et esthétique.
3. Le poète anglais lord George Gordon Byron (1788-1824) est un mythe pour les auteurs de la génération de Musset. Sa mort prématurée à Missolonghi, alors qu'il organisait des troupes pour l'indépendance de la Grèce, bouleversa l'Europe des lettres. Lord Byron est le modèle du poète libre, héroïque et inspiré.
4. Charles Baudelaire, « Le Peintre de la vie moderne », in *Critique d'art*, éd. Claude Pichois, Gallimard, « Folio essais », 1992, p. 371-372.

L'histoire de Valentin, on l'a vu, est celle d'un jeune homme qui fait l'expérience de la vie en rencontrant deux femmes et en « choisissant » un *modus vivendi*. À ce titre, il subit une véritable initiation. Situé dans la tradition du récit d'apprentissage (qu'on appelle aussi récit de formation), *Les Deux Maîtresses* obéit à la loi du genre : un jeune héros se confronte à la réalité, il subit plusieurs épreuves, et, à travers diverses péripéties, il en tire un enseignement sur la vie.

SOURCES ET STRUCTURE

L'origine du récit d'apprentissage est discutée. Des critiques considèrent que certaines épopées antiques ou des romans médiévaux relèvent de cette forme narrative. Toutefois, il est généralement établi que le genre *du Bildungsroman*[1] se développe d'abord dans l'Allemagne du XVIIIᵉ siècle. Goethe compose le modèle du genre avec son roman *Les Années d'apprentissage de Wilhem Meister*, qui s'organise en trois grandes étapes.

Ce type de roman s'est déployé en France dès la fin du XVIIᵉ siècle, puis durant tout le XVIIIᵉ siècle, pour atteindre son apogée au XIXᵉ. Le plus souvent, les récits mettent en scène un jeune homme qui, confronté aux rudesses du monde, se forge à la fois une personnalité et un regard sur la vie. Le récit d'apprentissage est donc un creuset pour une réflexion philosophique ou éthique, en

---

1. C'est ce terme allemand qu'on traduit en français par « roman de formation ».

particulier durant le siècle des Lumières. Au XIXᵉ siècle, le développement de la civilisation industrielle modifie la donne.

Le roman de Crébillon fils, *Les Égarements du cœur et de l'esprit* (1736), peut être considéré en partie comme un roman d'apprentissage aux perspectives morales. Dans cette œuvre que Musset connaissait et dont il s'inspira, le jeune Meilcour, âgé de dix-sept ans, découvre les désirs et les désillusions de l'amour, par l'entremise de Versac son aîné. Au fil des pages, les leçons de libertinage de ce dernier produisent leur effet, et le jeune Meilcour évolue sensiblement, jouant des ressorts de la manipulation et de la jalousie. Dans cette très fine analyse psychologique, les aspirations amoureuses se transforment et évoluent autour d'un jeu de masques et de faux-semblants : le langage est au cœur de ce récit de formation. Dans cet extrait, le jeune Meilcour exprime ses incertitudes et le charme qu'il éprouve face aux premières expériences amoureuses, en rencontrant, par hasard, une jeune fille qui l'avait auparavant fasciné.

Nous étions alors dans le printemps ; et, en sortant de chez Germeuil, j'allai aux Tuileries. Je me ressouvins en chemin du rendez-vous que m'avait donné madame de Lursay ; mais, outre qu'il ne me paraissait pas alors aussi charmant que la veille, je ne me sentais pas assez de tranquillité dans l'esprit pour le soutenir. La seule image de l'inconnue m'occupait fortement ; je la traitais de perfide, comme si elle m'eût en effet donné des droits sur son cœur, et qu'elle les eût violés. Je soupirais d'amour et de fureur ; il n'était point de projets extravagants que je ne formasse pour l'enlever à Germeuil ; jamais enfin je ne m'étais trouvé dans un état si violent.

Quoique je ne dusse pas craindre, à l'heure qu'il était, de rencontrer beaucoup de monde, dans quelque endroit des Tuileries que je portasse mes pas, la situation de mon esprit me fit chercher les allées que je savais être solitaires en tout temps. Je tournai du côté du labyrinthe, et je m'y abandonnai à ma douleur et à ma jalousie. Deux voix de femmes, que j'entendis assez près de moi, suspendirent un instant la rêverie dans laquelle j'étais plongé : occupé de moi-même comme je l'étais, il me restait peu de curiosité pour les autres. Quelque cruelle que fût ma mélancolie, elle m'était chère, et je craignais tout ce qui pouvait y faire diversion. Je descendais pour aller l'entretenir ailleurs, lorsqu'une exclamation, que fit une de ces deux femmes, m'obligea de me retourner. La palissade, qui était entre nous, me dérobait leur vue, et cet obstacle me détermina à voir qui ce pouvait être. J'écartai la charmille le plus doucement que je pus ; et ma surprise et ma joie furent sans égales, en reconnaissant mon inconnue.

Une émotion, plus forte encore que celle où elle m'avait mis la première fois que je l'avais vue, s'empara de mes sens. Ma douleur, suspendue d'abord à l'aspect d'un objet si charmant, fit place enfin à la douceur extrême de la revoir. J'oubliais dans ce moment, le plus cher de ma vie, que je croyais qu'elle aimait un autre que moi ; je m'oubliais moi-même. Transporté, confondu, je pensai mille fois m'aller jeter à ses pieds, et lui jurer que je l'adorais. Ce mouvement si impétueux se calma, mais ne s'éteignit pas. Elle parlait assez haut, et le désir de découvrir quelque chose de ses sentiments dans un entretien dont elle croyait n'avoir pas de témoin, me rendit plus tranquille, et me fit résoudre à me cacher, et à faire le moins de bruit qu'il me serait possible. Elle était avec une des Dames que j'avais vues avec elle à l'Opéra. En me pénétrant du plaisir d'être si près d'une personne pour qui je sentais tant d'amour, je ne me consolais point de ne pouvoir pas l'entretenir : son visage n'était pas tourné absolument de mon côté, mais j'en découvrais assez pour ne pas perdre tous ses charmes. La situation où elle était, l'empêchait de me voir, et m'en faisait par là moins regretter ce que j'y perdais.

Je l'avouerai, disait l'inconnue, je ne suis point insensible au plaisir de paraître belle : je ne hais pas même qu'on me dise que je le suis ; mais ce plaisir m'occupe moins que vous ne pensez : je le trouve aussi frivole qu'il l'est en effet ; et, si vous me connaissiez mieux, vous croiriez que le danger n'en est pas grand pour moi. Je ne prétendais pas vous dire, repartit la Dame, qu'il y eût tant à craindre pour vous, mais seulement qu'il faut s'y livrer le moins qu'on peut. Je pense tout le contraire, reprit l'inconnue : il faut d'abord s'y livrer beaucoup ; on en est plus sûr de s'en dégoûter. Vous tenez là le discours d'une coquette, reprit la Dame, et cependant vous ne l'êtes pas. S'il y a même, dans le cours de votre vie, quelque chose à redouter pour vous, c'est d'avoir le cœur trop sensible et trop attaché. Je n'en sais rien encore, repartit l'inconnue : de tous ceux qui jusqu'à présent, m'ont dit que j'étais belle, et m'ont paru le sentir, aucun ne m'a touchée. Quoique jeune, je connais tout le danger d'un engagement : d'ailleurs, je vous avouerai que ce que j'entends dire des hommes me tient en garde contre eux ; parmi tous ceux que je vois, je n'en ai pas trouvé un seul, si vous en exceptez le Marquis, qui fût digne de me plaire. Je ne rencontre partout que des ridicules, qui, pour être brillants, ne m'en déplaisent pas moins. Je ne me flatte pas cependant d'être insensible ; mais je ne me vois rien encore qui puisse me faire cesser de l'être. Vous ne me parlez point de bonne foi, reprit la Dame, et j'ai lieu de penser, que, malgré le peu de cas que vous faites des hommes, il y en a un qui a trouvé grâce devant vos yeux : ce n'est pourtant pas le Marquis [1].

APPRENTISSAGES ROMANTIQUES

Au XIXe siècle, les enjeux du récit d'apprentissage se modifient, les points de vue se font plus subjectifs et l'expérience conduit à une vision plus pessimiste du devenir. *Adolphe*, de Benjamin Constant, ouvre la voie à une série de récits où l'analyse des événements suit l'apprentissage douloureux de la vie. Octave, dans *La Confession d'un enfant du siècle*, a hérité d'Adolphe le spleen et le découragement.

Adolphe narre un épisode de la vie d'un jeune homme empêtré dans une relation sentimentale dont il ne peut se défaire ; écrit à la première personne, le récit analyse les hésitations, les éclats et les lâchetés du héros. Ne parvenant pas à rompre avec Ellénore, Adolphe s'enferme dans une aporie qui conduit à l'issue tragique du roman.

---

1. Crébillon fils, *Les Égarements du cœur et de l'esprit*, éd. Jean Dagen, Paris, GF-Flammarion, 1985 p. 104-105.

La rencontre amoureuse intervient à un moment décisif de la vie du personnage, pris entre l'incertitude d'un avenir professionnel et le vide sentimental.

Distrait, inattentif, ennuyé, je ne m'apercevais point de l'impression que je produisais, et je partageais mon temps entre des études que j'interrompais souvent, des projets que je n'exécutais pas, des plaisirs qui ne m'intéressaient guère, lorsqu'une circonstance très frivole en apparence produisit dans ma disposition une révolution importante.

Un jeune homme avec lequel j'étais assez lié cherchait depuis quelques mois à plaire à l'une des femmes les moins insipides de la société dans laquelle nous vivions : j'étais le confident très désintéressé de son entreprise. Après de longs efforts il parvint à se faire aimer ; et, comme il ne m'avait point caché ses revers et ses peines, il se crut obligé de me communiquer ses succès : rien n'égalait ses transports et l'excès de sa joie. Le spectacle d'un tel bonheur me fit regretter de n'en avoir pas essayé encore ; je n'avais point eu jusqu'alors de liaison de femme qui pût flatter mon amour-propre ; un nouvel avenir parut se dévoiler à mes yeux ; un nouveau besoin se fit sentir au fond de mon cœur. Il y avait dans ce besoin beaucoup de vanité sans doute, mais il n'y avait pas uniquement de la vanité ; il y en avait peut-être moins que je ne le croyais moi-même. Les sentiments de l'homme sont confus et mélangés ; ils se composent d'une multitude d'impressions variées qui échappent à l'observation ; et la parole, toujours trop grossière et trop générale, peut bien servir à les désigner, mais ne sert jamais à les définir.

J'avais, dans la maison de mon père, adopté sur les femmes un système assez immoral. Mon père, bien qu'il observât strictement les convenances extérieures, se permettait assez fréquemment des propos légers sur les liaisons d'amour : il les regardait comme des amusements, sinon permis, du moins excusables, et considérait le mariage seul sous un rapport sérieux. Il avait pour principe qu'un jeune homme doit éviter avec soin de faire ce qu'on nomme une folie, c'est-à-dire de contracter un engagement durable avec une personne qui ne fût pas parfaitement son égale pour la fortune, la naissance et les avantages extérieurs ; mais du reste, toutes les femmes, aussi longtemps qu'il ne s'agissait pas de les épouser, lui paraissaient pouvoir, sans inconvénient, être prises, puis être quittées ; et je l'avais vu sourire avec une sorte d'approbation à cette parodie d'un mot connu : « Cela leur fait si peu de mal, et à nous tant de plaisir ! »

L'on ne sait pas assez combien, dans la première jeunesse, les mots de cette espèce font une impression profonde, et combien à un âge où toutes les opinions sont encore douteuses et vacillantes, les enfants s'étonnent de voir contredire, par des plaisanteries que tout le monde applaudit, les règles directes qu'on leur a données. Ces règles ne sont plus à leurs yeux que des formules banales que leurs parents sont convenus de leur répéter pour l'acquit de leur conscience, et les plaisanteries leur semblent renfermer le véritable secret de la vie.

Tourmenté d'une émotion vague, je veux être aimé, me disais-je, et je regardais autour de moi ; je ne voyais personne qui m'inspirât de l'amour, personne qui me parût susceptible d'en prendre ; j'interrogeais mon cœur et mes goûts : je ne me sentais aucun mouvement de préférence. Je m'agitais ainsi intérieurement, lorsque je fis connaissance avec le comte de P***, homme de quarante ans, dont la famille était alliée à la mienne. Il me proposa de venir le voir. Malheureuse visite ! Il avait chez lui sa maîtresse, une Polonaise, célèbre par sa beauté, quoiqu'elle ne fût plus de la première jeunesse. Cette femme, malgré sa situation désavantageuse, avait montré dans plusieurs occasions un caractère distingué. Sa famille, assez illustre en Pologne, avait été ruinée dans les troubles de cette contrée. Son père avait été proscrit ; sa mère était allée chercher un asile en France, et y avait mené sa fille, qu'elle avait laissée, à sa mort, dans un isolement complet. Le comte de P*** en était devenu amoureux. J'ai toujours ignoré comment s'était formée une liaison qui, lorsque j'ai vu pour la première fois Ellénore, était, dès longtemps, établie et pour ainsi dire consacrée. La fatalité de sa situation ou l'inexpérience de son âge l'avaient-elles jetée dans une carrière qui répugnait également à son éducation, à ses habitudes et à la fierté qui faisait une partie très remarquable de son caractère ? Ce que je sais, ce que tout le monde a su, c'est que la fortune du comte de P*** ayant été presque entièrement détruite et sa liberté menacée, Ellénore lui avait donné de telles preuves de dévouement, avait rejeté avec un tel mépris les offres les plus brillantes, avait partagé ses périls et sa pauvreté avec tant de zèle et même de joie, que la sévérité la plus scrupuleuse ne pouvait s'empêcher de rendre justice à la pureté de ses motifs et au désintéressement de sa conduite. C'était à son activité, à son courage, à sa raison, aux sacrifices de tout genre qu'elle avait supportés sans se plaindre, que son amant devait d'avoir recouvré une partie de ses biens. Ils étaient venus s'établir à D*** pour y suivre un procès qui pouvait rendre entièrement au comte de P*** son ancienne opulence, et comptaient y rester environ deux ans [1].

L'UNIVERS MONDAIN DES *DEUX MAÎTRESSES* ET L'APPRENTISSAGE DE LA VIE

Les exemples de récits d'apprentissage sont nombreux au cours du XIXe siècle qui narrent les désillusions personnelles de héros d'abord animés par l'enthousiasme, l'ambition et le désir de gloire. Les romans de Balzac ou de Stendhal construisent ainsi des situations où de jeunes héros se heurtent à la société et font leur entrée dans le monde en subissant triomphes et revers. Dans *Le Rouge et le Noir*, Stendhal trace le parcours de Julien Sorel, d'abord en province, dans la famille de Rênal, puis à Paris, chez le marquis de La Mole. Les expériences sentimentales et politiques se croisent dans ce destin d'exception où « l'âpre vérité » se heurte aux données humaines et sociales : Julien finit glorieusement son ascension… sur l'échafaud ! *Le Rouge et le Noir* ne saurait certes être réduit à un roman de formation, mais sa structure bipartite et les expériences du héros le rattachent à ce genre.

Illusions perdues et *Splendeurs et misères des courtisanes* forment un diptyque dans lequel on suit l'ascension et la chute de Lucien Chardon, devenu Lucien de

---

1. Benjamin Constant, *Adolphe*, éd. Sylvain Ledda, Paris, Gallimard, « Folio plus », 2007, p. 26 *sqq*.

Rubempré à la faveur d'une particule maternelle. Balzac dissèque les forces et les faiblesses du « grand homme de province » (expression consacrée qui revient régulièrement pour désigner Lucien). Il décrit le monde littéraire et journalistique, la manière dont chacun essaie de se frayer une voie vers le pouvoir (l'argent), la reconnaissance (les titres) et les satisfactions personnelles (les femmes). Dans cette fresque en deux temps, la trajectoire de Lucien est emblématique d'une conception toute balzacienne du récit d'apprentissage.

À l'issue d'*Illusions perdues*, alors qu'il s'apprête à commettre l'irréparable, Lucien est sauvé *in extremis* par le mystérieux Carlos Herrera qui l'aidera à gravir les échelons sociaux en échange d'un pacte trouble. Il s'agit en réalité de Vautrin, ténébreux personnage de *La Comédie humaine*, qui, en manipulant Lucien, l'entraîne dans une relation ambiguë, l'initie aux méandres de la société parisienne et le conduit, malgré lui, à un destin funeste. *Splendeurs et misères des courtisanes* s'ouvre sur le retour de Lucien à Paris, au milieu des fastes du bal annuel de l'Opéra. Sa Majesté Lucien y fait son entrée parmi la foule et répond brillamment à ses interlocuteurs. Ce retour de Lucien constitue l'*incipit* du roman.

PREMIÈRE PARTIE. COMMENT AIMENT LES FILLES
UNE VUE DU BAL DE L'OPÉRA

En 1824, au dernier bal de l'Opéra, plusieurs masques furent frappés de la beauté d'un jeune homme qui se promenait dans les corridors et dans le foyer, avec l'allure des gens en quête d'une femme retenue au logis par des circonstances imprévues. Le secret de cette démarche, tour à tour indolente et pressée, n'est connu que des vieilles femmes et de quelques flâneurs émérites. Dans cet immense rendez-vous, la foule observe peu la foule, les intérêts sont passionnés, le Désœuvrement lui-même est préoccupé. Le jeune dandy était si bien absorbé par son inquiète recherche qu'il ne s'apercevait pas de son succès : les exclamations railleusement admiratives de masques, les étonnements sérieux, les mordants lazzis, les plus douces paroles, il ne les entendait pas, il ne les voyait point. Quoique sa beauté le classât parmi ces personnages exceptionnels qui viennent au bal de l'Opéra pour y avoir une aventure, et qui l'attendent comme on attendait un coup heureux à la Roulette quand Frascati vivait [1], il paraissait bourgeoisement sûr de sa soirée ; il devait être le héros d'un de ces mystères à trois personnages qui composent tout le bal masqué de l'Opéra, et connus seulement de ceux qui y jouent leur rôle ; car, pour les jeunes femmes qui viennent afin de pouvoir dire : J'ai vu ; pour les gens de province, pour les jeunes gens inexpérimentés, pour les étrangers, l'Opéra doit être alors le palais de la fatigue et de l'ennui. Pour eux, cette foule noire, lente et pressée, qui va, vient, serpente, tourne, retourne, monte, descend, et qui ne peut être comparée qu'à des fourmis sur leur tas de bois, n'est pas plus compréhensible que la Bourse pour un paysan bas-breton qui ignore l'existence du Grand-Livre [2]. À de rares exceptions près, à Paris, les hommes ne se masquent point : un homme en domino paraît ridicule. En ceci le génie de la nation éclate. Les gens qui veulent cacher leur bonheur peuvent aller au bal de l'Opéra sans y venir, et les masques absolument forcés d'y entrer en sortent aussitôt. Un spectacle des plus amusants est l'encombrement que produit à la porte, dès l'ouverture du bal, le flot des gens qui s'échappent aux prises avec ceux qui y montent. Donc, les hommes masqués sont des maris jaloux qui viennent espionner leurs femmes, ou des maris en bonne fortune qui ne veulent pas être espionnés par elles, deux situations également moquables. Or, le jeune homme était suivi, sans qu'il le sût, par un masque assassin, gros et court, roulant sur lui-même comme un tonneau. Pour tout habitué de l'Opéra, ce domino trahissait un administrateur, un agent de change, un banquier, un notaire, un bourgeois quelconque en soupçon de son infidèle. En effet, dans la très haute société, personne ne court après d'humiliants témoignages. Déjà plusieurs masques s'étaient montré en riant ce monstrueux personnage, d'autres l'avaient apostrophé, quelques jeunes s'étaient

1. Allusion à un célèbre salon de jeu parisien que Louis-Philippe fit interdire en janvier 1838.
2. Il s'agit du Grand Livre de la dette publique, où « étaient inscrits les placements des rentiers de l'État » (note de Patrick Berthier, Paris, Le Livre de Poche, 2008, p. 34).

moqués de lui, sa carrure et son maintien annonçaient un dédain marqué pour ces traits sans portée ; il allait où le menait le jeune homme, comme va un sanglier poursuivi qui ne se soucie ni des balles qui sifflent à ses oreilles, ni des chiens qui aboient après lui. Quoique au premier abord le plaisir et l'inquiétude aient pris la même livrée, l'illustre robe noire vénitienne, et que tout soit confus au bal de l'Opéra, les différents cercles dont se compose la société parisienne se retrouvent, se reconnaissent et s'observent. Il y a des notions si précises pour quelques initiés, que ce grimoire d'intérêts est lisible comme un roman qui serait amusant. Pour les habitués, cet homme ne pouvait donc pas être en bonne fortune, il eût infailliblement porté quelque marque convenue, rouge, blanche ou verte, qui signale les bonheurs apprêtés de longue main. S'agissait-il d'une vengeance ? En voyant le masque suivant de si près un homme en bonne fortune, quelques désœuvrés revenaient au beau visage sur lequel le plaisir avait mis sa divine auréole. Le jeune homme intéressait : plus il allait, plus il réveillait de curiosités. Tout en lui signalait d'ailleurs les habitudes d'une vie élégante. Suivant une loi fatale de notre époque, il existe peu de différence, soit physique, soit morale, entre le plus distingué, le mieux élevé des fils d'un duc et pair, et ce charmant garçon que naguère la misère étreignait de ses mains de fer au milieu de Paris. La beauté, la jeunesse pouvaient masquer chez lui de profonds abîmes, comme chez beaucoup de jeunes gens qui veulent jouer un rôle à Paris sans posséder le capital nécessaire à leurs prétentions, et qui chaque jour risquent le tout pour le tout en sacrifiant au dieu le plus courtisé dans cette cité royale, le Hasard. Néanmoins, sa mise, ses manières étaient irréprochables, il foulait le parquet classique du foyer en habitué de l'Opéra. Qui n'a pas remarqué que là, comme dans toutes les zones de Paris, il est une façon d'être qui révèle ce que vous êtes, ce que vous faites, d'où vous venez, et ce que vous voulez ?

— Le beau jeune homme ! ici l'on peut se retourner pour le voir, dit un masque en qui les habitués du bal reconnaissaient une femme comme il faut.

— Vous ne vous le rappelez pas ? lui répondit l'homme qui lui donnait le bras, madame du Châtelet vous l'a cependant présenté...

– Quoi ! c'est ce fils d'apothicaire de qui elle s'était amourachée, qui s'est fait journaliste, l'amant de mademoiselle Coralie ?

– Je le croyais tombé trop bas pour jamais pouvoir se remonter, et je ne comprends pas comment il peut reparaître dans le monde de Paris, dit le comte Sixte du Châtelet.

– Il a un air de prince, dit le masque, et ce n'est pas cette actrice avec laquelle il vivait qui le lui aura donné ; ma cousine, qui l'avait deviné, n'a pas su le débarbouiller ; je voudrais bien connaître la maîtresse de ce Sargines [1], dites-moi quelque chose de sa vie qui puisse me permettre de l'intriguer.

Ce couple qui suivait ce jeune homme en chuchotant fut alors particulièrement observé par le masque aux épaules carrées.

« Cher monsieur Chardon, dit le préfet de la Charente en prenant le dandy par le bras, laissez-moi vous présenter une personne qui veut renouer connaissance avec vous...

– Cher comte Châtelet, répondit le jeune homme, cette personne m'a appris combien était ridicule le nom que vous me donnez. Une Ordonnance du Roi m'a rendu celui de mes ancêtres maternels, les Rubempré. Quoique les journaux aient annoncé ce fait, il concerne un si pauvre personnage que je ne rougis point de le rappeler à mes amis, à mes ennemis et aux indifférents : vous vous classerez où vous voudrez, mais je suis certain que vous ne désapprouverez point une mesure qui me fut conseillée par votre femme quand elle n'était encore que madame de Bargeton. » (Cette jolie épigramme, qui fit sourire la marquise, fit éprouver un tressaillement nerveux au préfet de la Charente.) « Vous lui direz, ajouta Lucien, que maintenant je porte *de gueules, au taureau furieux d'argent, dans le pré de sinople.*

– Furieux d'argent, répéta Châtelet.

– Madame la marquise vous expliquera, si vous ne le savez pas, pourquoi ce vieil écusson est quelque chose de mieux que la clef de chambellan et les abeilles d'or de l'Empire qui se trouvent dans le vôtre, au grand désespoir

---

1. Héros d'une nouvelle de Baculard d'Arnaud (1718-1805) parue en 1772. La comparaison est ironique.

de madame Châtelet, *née Nègrepelisse d'Espard...*, dit vivement Lucien.

— Puisque vous m'avez reconnue, je ne puis plus vous intriguer, et ne saurais vous exprimer à quel point vous m'intriguez, lui dit à voix basse la marquise d'Espard tout étonnée de l'impertinence et de l'aplomb acquis par l'homme qu'elle avait jadis méprisé.

— Permettez-moi donc, madame, de conserver la seule chance que j'aie d'occuper votre pensée en restant dans cette pénombre mystérieuse », dit-il avec le sourire d'un homme qui ne veut pas compromettre un bonheur sûr.

La marquise ne put réprimer un petit mouvement sec en se sentant, suivant une expression anglaise, *coupée* par la précision de Lucien.

« Je vous fais mon compliment sur votre changement de position, dit le comte du Châtelet à Lucien.

— Et je le reçois comme vous me l'adressez, répliqua Lucien en saluant la marquise avec une grâce infinie.

— Le fat ! dit à voix basse le comte à madame d'Espard, il a fini par conquérir ses ancêtres.

— Chez les jeunes gens, la fatuité, quand elle tombe sur nous, annonce presque toujours un bonheur très haut situé ; car, entre vous autres, elle annonce la mauvaise fortune. Aussi voudrais-je connaître celle de nos amies qui a pris ce bel oiseau sous sa protection ; peut-être aurais-je alors la possibilité de m'amuser ce soir. Mon billet anonyme est sans doute une méchanceté préparée par quelque rivale, car il y est question de ce jeune homme ; son impertinence lui aura été dictée : espionnez-le. Je vais prendre le bras du duc de Navarreins, vous saurez bien me retrouver [1]. »

---

1. Honoré de Balzac, *Splendeurs et misères des courtisanes*, éd. citée, p. 33 et *sq.*

SOMMAIRE

• Illustration de Bida pour *Les Deux Maîtresses*. *Œuvres Complètes* de Musset, tome VI, Éditions Charpentier, 1903.

• Illustration de Myrbach pour *Frédéric et Bernerette*, Alphonse Lemerre Éditeur, 1893.

• *Journal des Dames et des Modes*, costume parisien, 1823, planche 2204. Gravure à l'eau forte coloriée au pochoir. Galliera, musée de la Mode de la Ville de Paris. © Galliera/ Roger Viollet.

• Alfred de Musset, *Autoportrait*, 1833. Dessin au crayon. Paris, bibliothèque de l'Institut, © RMN/Gérard Blot.

• Gavarni, *Portrait d'Alfred de Musset*, estampe. © Musée de la Vie Romantique/Roger Viollet.

ILLUSTRATIONS ROMANTIQUES

Les *Nouvelles* ont inspiré de nombreux artistes qui ont cherché à représenter le « romantisme éternel » de Musset en illustrant son œuvre. Ainsi, quand paraissent les *Œuvres complètes* de Musset en 1877 (édition Charpentier), Paul de Musset confie au dessinateur Bida le soin d'illustrer les récits, poèmes et pièces de son frère. La gravure qui accompagne *Les Deux Maîtresses* montre une scène d'intérieur entre Valentin et madame Delaunay.

Les costumes et les décors correspondent ici au temps de la fiction, c'est-à-dire aux années 1830. Valentin regarde son amie tandis qu'elle confectionne la tapisserie qui ornera le coussin. Le mobilier, élégant mais simple, suggère la modestie raffinée de la veuve. Bida a le souci du détail : un verre à absinthe est posé sur un guéridon, madame Delaunay porte un shall[1], accessoire à la mode dans les années 1830. Éclairés par le halo d'une lampe à pétrole, les deux amis sont saisis dans une intimité charmante. Or le plus frappant dans cette illustration concerne le personnage de Valentin : le dessinateur le montre comme un double de Musset dont il a l'apparence physique et vestimentaire. Comme Musset, sa chevelure est longue et blonde, il porte un costume élégant. Un feuillet à la main, le jeune dandy pose en poète. C'est Alfred peint en Valentin. Ainsi, pour le lecteur, le romantisme de la nouvelle se devine à travers la figure de l'auteur lui-même, identifié ici à son personnage.

Cette veine d'inspiration romantique se remarque également dans une autre édition illustrée de Musset, parue chez Lemerre en 1893 : les protagonistes de *Frédéric et Bernerette*, dessinés par Myrbach, sont à l'image de

---

1. Musset adopte l'ancienne graphie du mot « châle », dont l'orthographe a été modernisée dans la seconde moitié du XIXᵉ siècle. Le terme, probablement d'origine indienne, désigne une pièce d'étoffe dont les femmes se couvrent les épaules, très à la mode autour de 1830.

Illustration de Bida pour *Les Deux Maîtresses.*

Valentin et de madame de Parnes. Le dandy et la dame bien née sont représentés en grande conversation ; leur costume et leur manière de se tenir obéissent aux codes de la bonne société des années 1830. La jeune femme appartient à la bonne société : sa robe est très élégante, souple, travaillée ; c'est une femme du monde, parée de bijoux et dont la coiffure est recherchée. Cette apparence s'oppose à celle de l'illustration précédente où l'on voyait une femme plus modeste. Le personnage masculin, quant à lui, figure un autre dandy, un jeune galant bien mis dont la chevelure et la moustache correspondent aux critères de la mode romantique. L'on peut s'interroger sur la présence du chapeau haut de forme posé aux pieds du jeune homme : s'agit-il d'un code, d'une mode ? ou bien d'une manière faussement négligée de se tenir en société ?

Les gestes des personnages comme leur attitude trahissent également leur appartenance au beau monde de Paris. La jeune femme, parfaitement éduquée, se tient droite, son dos ne touche pas le fauteuil et ses petits mouvements de main ont une grâce toute féminine. On retrouve ici l'élégance affectée de madame de Parnes en grande conversation avec Valentin. En dépit des codes qu'impose la bonne société, la posture des personnages trahit un jeu de séduction. La jeune femme pose en effet la main sur celle du personnage masculin, et ce geste relève d'une assurance presque provocante. On retrouve là les audaces quelque peu capricieuses de madame de Parnes qui, sûre de ses charmes, n'hésite pas à en jouer.

La comparaison des deux illustrations nous permet de mieux saisir le caractère des deux héroïnes de la nouvelle de Musset et le contexte social dans lequel se déroule l'intrigue. D'un côté, madame Delaunay, modeste et plutôt timide qui séduit malgré elle ; de l'autre, Isabelle de Parnes, dame bien née consciente de sa fortune et de son pouvoir de séduction.

Illustration de Myrbach pour *Frédéric et Bernerette.*

LE DANDYSME EN IMAGE

Tirée d'un journal illustré consacré à la mode, cette gravure représente un jeune élégant du temps de la Restauration. La mise et le vêtement recherché sont ceux d'un dandy. Comme le précisent les légendes, il s'agit d'un modèle de vêtement à la mode parisienne de 1823 ; c'est en effet dans la capitale que naissent et meurent les modes. Ce jeune homme, qui pourrait être un *fashionable* du boulevard, porte chapeau, gilet, cravate et cape, accessoires indispensables du dandy. Le haut-de-forme à bords étroits, légèrement orienté vers la gauche, laisse deviner une chevelure frisée avec soin et de charmants favoris qui ornent les joues. Le col de la chemise, ample et légèrement arrondi, est entouré d'une large cravate de soie savamment nouée. Les gilets, très serrés, affinent la taille du dandy, ce qui a pour effet d'allonger le corps de l'élégant en lui donnant plus de prestance. Extrêmement travaillé, le gilet du dessus est orné de passementeries et de boutons ciselés. Les indications qui figurent sous la gravure précisent qu'il s'agit d'un « gilet de velours à raies de satin par-dessus un gilet de piqué ». Le pantalon est de casimir, c'est-à-dire un drap léger, fluide et très souvent utilisé pour confectionner d'élégants vêtements masculins. Enfin, la cape, agrémentée de fourrure de chinchilla, confère au dandy son allure aristocratique. Cette gravure montre à quel point le dandy cultive les apparences et à quel point son vêtement est un miroir et un code. Cette mise extrêmement recherchée fut aussi celle de Musset à la fin de la Restauration et au début de la monarchie de Juillet. Les personnages de sa poésie, de son théâtre et de ses récits en prose seront bien souvent des dandys accomplis.

Dans *Illusions perdues*, un autre dandy, Lucien de Rubempré, écrit une lettre à Lousteau dans laquelle il lui demande de lui adresser une nouvelle garde-robe ; sa description rappelle, en bien des points, notre gravure.

> Nous sommes en septembre, il fait un temps magnifique ; *ergo*, veille à ce que je reçoive, à la fin de cette semaine, un charmant habillement du matin : petite redingote vert bronze foncé, trois gilets, l'un couleur soufre, l'autre de fantaisie, genre écossais, le troisième d'une entière blancheur ; plus trois pantalons *à faire des femmes*, l'un blanc étoffe anglaise, l'autre nankin, le troisième en léger casimir noir ; enfin un habit noir et un gilet de satin noir pour soirée. Si tu as retrouvé une Florine quelconque, je me recommande à elle pour deux cravates de fantaisie [1].

---

1. *Illusions perdues*, éd. citée, p. 733.

(2204.)

Gravure pour le *Journal des Dames et des Modes.*

MUSSET EN DANDY

Très tôt Musset s'est comporté en dandy accompli, soignant son apparence et ne lésinant pas sur les accessoires de mode (cannes, chapeaux, montres, gants, etc.). Comme Valentin, le héros des *Deux Maîtresses*, il fréquente les lieux à la mode où se retrouve la jeunesse dorée de la fin de la Restauration et du début de la monarchie de Juillet. Mais Musset possède un certain humour qui le fait se moquer de son propre dandysme, et notamment de sa chevelure blonde et ondulée, qu'il conserva jusqu'à la fin de sa vie. En 1833, il se caricature sous les traits d'un dandy ébouriffé. La féminité du dandy est ici habilement mise en scène. Très cintrée à la taille, la veste confère à Musset une androgynie que contredisent les traits saillants du visage, en particulier ceux du nez dont le caricaturiste exagère ici l'aquilin. Si la chevelure crée un mouvement burlesque, l'autoportrait conserve tous les signes du dandysme. On note tout d'abord la cravate, dont le négligé affecté est en réalité savamment calculé. Ainsi nouée, la cravate fait ressortir un joli petit col de chemise à rayures, lui-même ouvert sur un col plus large et noir d'une veste près du corps. De gros boutons la ferment. Ce dandy féminin, portrait d'Alfred en jeune homme, n'est pas seulement une manière de railler sa propre élégance en ironisant. En 1833, Musset a déjà pris ses distances avec le romantisme, et ce dessin révèle son impertinence et son indépendance d'esprit. La chevelure décoiffée et abondante crée un effet de liberté qui n'est pas sans rappeler le portrait de Chopin par Delacroix. Plus qu'une caricature, cet autoportrait dévoile l'état d'âme d'un jeune artiste libre, dont l'insouciance est un masque.

Jusqu'à la fin de sa vie, Musset a gardé un goût vestimentaire sûr, et une silhouette d'adolescent, s'attachant à soigner sa mise. C'est sous l'apparence d'un jeune

Alfred de Musset, *Autoportrait*.

homme vieilli mais élégant que Gavarni l'a représenté en
1851. Le dessin trahit un dandysme plus discret mais
bien présent. Le dandy a vieilli, certes, mais le port reste
altier. Enveloppé d'une large cape, Musset porte une
veste noire qui descend sur un pantalon étroit, bien
coupé. Sa cravate ceint un col très blanc et relevé. La
chevelure n'a pas perdu de son élégance ; coiffée sur le
côté, elle montre un dandy quelque peu assagi. La barbe
que Musset arbore, signe de maturité et de virilité, est
taillée avec précision, arrangée avec soin. L'habit noir,
que couvre une ample cape ouverte sur le devant, dessine
une silhouette encore svelte. Les chaussures sont également du meilleur goût. L'ensemble donne un petit air de
gentleman farmer qui ne messied pas à l'artiste. Bien que
les traits du visage trahissent une pointe de mélancolie,
le maintien demeure aristocratique, la petite canne avec
laquelle il joue, rappelant la fantaisie du poète. Ainsi
représenté, il semble flâner dans un cadre pittoresque.
Telles nous apparaissent, au-delà du dessin de Gavarni,
les rêveries d'un vieux dandy solitaire.

Gavarni, *Portrait d'Alfred de Musset.*

CHRONOLOGIE

1810. 11 décembre. Naissance à Paris de Louis Charles Alfred de Musset, fils de Victor Donatien de Musset-Pathay et d'Edmée Claudette Guyot-Desherbier.

1819. Entrée d'Alfred en sixième au collège Henri-IV.

1824. *À ma mère*, premiers vers connus de Musset.

1827. Deuxième prix de dissertation latine et premier prix de philosophie. Vacances à Cogners (Sarthe) où il s'ennuie et écrit des lettres à son ami Paul Fouché, beau-frère de Victor Hugo. À l'automne, il s'inscrit en droit et en médecine, puis abandonne.

1828. *L'Anglais mangeur d'opium*, traduction assez libre du roman de Thomas de Quincey. Musset est introduit au Cénacle de Hugo et fréquente l'Arsenal de Nodier. Rencontre Vigny, Dumas, Sainte-Beuve, Delacroix.

1829. Décembre. Parution des *Contes d'Espagne et d'Italie*. Succès de scandale.

1830. 27, 28, 29 juillet : les Trois Glorieuses. Barricades dans Paris. Musset flâne en touriste au milieu des combats. Décembre : échec de *La Nuit vénitienne* à l'Odéon ; Musset renonce à écrire pour la scène.

1832. Mort du père de Musset lors de l'épidémie de choléra. Musset va devoir vivre de son art. *Un spectacle dans un fauteuil* (en vers) paraît à la fin de l'année (daté de 1833).

1833. 15 mai : *Les Caprice de Marianne* paraissent dans la *Revue des Deux Mondes* [1]. Musset devient collaborateur officiel de cette revue. 17 juin : rencontre avec George Sand. Fin juillet : début de leur liaison passionnée. 15 août : *Rolla*,

---

1. Nous abrégeons *RDM* dans la suite de la chronologie.

poème désespéré et lucide (*RDM*). Fin décembre, les amants partent pour Venise.

1834. 1ᵉʳ janvier : parution de *Fantasio*. À Venise, Alfred est malade. George Sand le soigne mais le trompe avec le médecin Pagello. Crises, ruptures. 29 mars : Musset quitte Venise. 1ᵉʳ juillet : *On ne badine pas avec l'amour*. 23 août : *Un spectacle dans un fauteuil* (en prose) qui comporte l'édition originale de *Lorenzaccio*. Fin octobre : reprise de la liaison Musset-Sand. Nouvelles crises.

1835. 6 mars : rupture définitive. Premières lettres de Musset à la « Marraine », Caroline Jaubert. 1ᵉʳ août : *La Quenouille de Barberine* (*RDM*). 1ᵉʳ novembre : *Le Chandelier* (*RDM*), comédie dans l'esprit de Molière.

1836. 1ᵉʳ février : *La Confession d'un enfant du siècle* (*RDM*). Sand compare le roman à *Adolphe* de Constant. Liaison avec la grisette Louise Lebrun. 1ᵉʳ juillet : *Il ne faut jurer de rien* (*RDM*). 15 octobre : *Stances à la Malibran*, hommage funèbre à la célèbre cantatrice morte prématurément.

1837. Mars. Premières lettres à Aimée d'Alton ; leur liaison débute en avril. 15 juin : *Un caprice* (*RDM*). 1ᵉʳ août : *Emmeline* (*RDM*), première de six nouvelles. 1ᵉʳ novembre : *Les Deux Maîtresses*.

1838. 15 janvier : *Frédéric et Bernerette* (*RDM*). Musset refuse la proposition de mariage d'Aimée d'Alton. Étiolement de leur amour. 1ᵉʳ mai : *Le Fils du Titien* (*RDM*), nouvelle inspirée par Aimée. 1ᵉʳ novembre : « De la tragédie, à propos des débuts de Mlle Rachel » puis « Reprise de *Bajazet* », deux articles en l'honneur de la jeune actrice ; Musset y expose ses théories dramatiques.

1839. « Finis prosæ », écrit Musset après la parution de *Croisilles* (15 février). Alfred amoureux de Rachel. Crise de dépression. *Le Poète déchu*, ébauche de roman autobiographique. Articles élogieux consacrés à la cantatrice Pauline Garcia qu'il admire et courtise.

1840. Printemps : Musset est malade des poumons. Juillet : parution des *Comédies et proverbes* et des *Poésies complètes* chez Charpentier. 1ᵉʳ août : *Une soirée perdue*, poème qui évoque la grande ombre de Molière.

1841. 15 février : *Souvenir*, poème élégiaque écrit après avoir furtivement croisé George Sand à la Comédie-Française. Fin de l'été : brève reprise de la liaison avec Aimée.

1842. Relation compliquée avec la princesse Cristina di Belgiojoso. 14-15 octobre : *Histoire d'un merle blanc* (conte).

1844. Nouvelle affection des poumons qui dure jusqu'en mai. Musset est veillé par sœur Marceline. 16-23 avril : *Pierre et Camille* (conte) paraît dans *Le Constitutionnel*. Paraissent ensuite deux autres contes : *Le Secret de Javotte* et *Les Frères Van Buck*.

1845. Affection printanière des poumons ; convalescence jusqu'en mai. Avril : Musset est décoré de la Légion d'honneur. 1er novembre : *Il faut qu'une porte soit ouverte ou fermée*. 20 décembre : *Mimi Pinson, profil de grisette* paraît dans *Le Diable à Paris*.

1846-1847. Musset ne publie pas. 27 novembre : Première d'*Un caprice* à la Comédie-Française. Grand succès, unanimement salué dans la presse, notamment par Théophile Gautier.

1848. 7 avril : première d'*Il faut qu'une porte soit ouverte ou fermée*. 22 juin : *Il ne faut jurer de rien*, dans une version remaniée pour ne pas « choquer » la morale. 10 août : *Le Chandelier* est joué dans une adaptation consensuelle au Théâtre-Historique de Dumas. 21 novembre : première d'*André del Sarto* au Théâtre de la République (Comédie-Française rebaptisée).

1849. Musset compose *Louison* (jouée le 22 février), comédie en vers, première pièce écrite directement pour la scène depuis *La Nuit vénitienne*. Succès mitigé.

1851. 14 juin : première des *Caprices de Marianne* dans une version remaniée pour la scène. 30 octobre : création de *Bettine*, sans succès.

1852. 12 février : Musset est élu à l'Académie française au fauteuil d'Emmanuel Dupaty. Juin-septembre : liaison avec l'intrépide Louise Colet, amante de Flaubert.

1853. Musset est nommé bibliothécaire au ministère de l'Instruction publique, appuyé par son ami Hippolyte Fortoul, devenu ministre. Juillet : *Comédies et proverbes*, édition revue et corrigée.

1855. *L'Âne et le ruisseau*, comédie non jouée, dans l'esprit de Marivaux et de Carmontelle. Musset, alcoolique et malade, n'est plus qu'une ombre parmi les vivants.

1857. 2 mai : mort d'Alfred de Musset, à Paris. Paul, son frère, lui prêtera d'ultimes paroles, inspirées de *Hamlet* de Shakespeare : « Dormir !... enfin je vais dormir ! » Musset est inhumé au cimetière du Père-Lachaise, non loin de la tombe du compositeur Frédéric Chopin.

BIBLIOGRAPHIE

ÉDITIONS DES *DEUX MAÎTRESSES*

Œuvres complètes, édition dite des « Amis du poète », Paris, Charpentier, 1865-1866.

Œuvres complètes, éd. Maurice Allem et Paul Courant, Paris, Gallimard, « Bibliothèque de la Pléiade », 1960.

Œuvres complètes, éd. Philippe Van Tieghem, Paris, Seuil, « L'Intégrale », 1963.

Nouvelles, éd. Sylvain Ledda, Jaignes, La Chasse au Snark, « Littérature », 2002 [ouvrage épuisé].

OUVRAGES CRITIQUES

BÉNICHOU, Paul, *L'École du désenchantement. Sainte-Beuve, Nodier, Musset, Nerval, Gautier*, Paris, Gallimard, « Bibliothèque des Idées », 1992.

CASTAGNÈS, Gilles, *Les Femmes et l'esthétique de la féminité dans l'œuvre d'Alfred de Musset*, Berne, Peter Lang, 2004.

GUYAUX, André, JOURDE, Pierre, TORTONESE, Paolo, et CHOTARD, Loïc, *Alfred de Musset*, Paris, Presses universitaires de Paris-Sorbonne, « Mémoire de la critique », 1995.

HEYVAERT, Alain, *L'Esthétique de Musset*, Paris, SEDES, « Esthétique », 1996.

–, *La Transparence et l'indicible dans l'œuvre d'Alfred de Musset*, Paris, Klincksieck, 1994.

JEUNE, Simon, *Musset et sa fortune littéraire*, Bordeaux, Ducros, 1970.

LEDDA, Sylvain, *Alfred de Musset, un cœur navré de joie*, Paris, Gallimard, « Découvertes », 2010.

LEDDA, Sylvain, et LESTRINGANT, Frank (dir.), *Alfred de Musset, un romantique né classique*, Toulouse, *Littératures*, 2010.

LESTRINGANT, Frank, *Alfred de Musset*, Paris, Flammarion, « Grandes Biographies », 1999.

MUSSET, Paul DE, *Biographie d'Alfred de Musset*, Paris, Charpentier, 1877.

PONZETTO, Valentina, *Musset, ou la Nostalgie libertine*, Genève, Droz, 2007.

SOUPAULT, Philippe, *Alfred de Musset*, Paris, Seghers, « Poètes d'aujourd'hui », 1957.

VAN TIEGHEM, Philippe, *Musset*, Paris, Hatier, « Connaissance des Lettres », 1944 [nouvelle édition mise à jour, 1969].

ARTICLES ET ÉTUDES CRITIQUES

LEDDA, Sylvain, « Musset et Molière », in *L'Ombre de Molière du XVIIe siècle à nos jours* [actes de la « Biennale Molière », sous la direction de Gabriel Conesa, Martial Poirson et Jean Émelina, 4 et 5 juin 2009], Pézenas, Domens, 2010.

LESTRINGANT, Frank, « Musset l'incongru », in *L'Incongru dans la littérature et l'art*, textes réunis par Pierre Jourde, Paris, Éditions Kimé, 2004, p. 123-124.

POMMIER, Jean, « Balzac et Musset, Balzac et Hugo, Balzac et... lui-même », *Revue d'histoire littéraire de la France*, octobre-décembre 1956, p. 548-561.

TABLE

———

N° d'édition : L.01EHPN000353.N001
Dépôt légal : avril 2010
Imprimé en Espagne par Novoprint (Barcelone)